# 1 機械学習とは何か
## 人工知能（AI）の基礎知識

//////////////////////////////////

## 1.1　人間の学習能力をコンピュータで再現する「機械学習」

　本書では人工知能技術、その中でも特に機械学習について解説しますが、そもそも機械学習（マシンラーニング）とは何でしょうか。

　まず、「機械（マシン）」とはコンピュータのことです。機械というと組み合わせた歯車がガチャガチャと動いているイメージがあるかもしれませんが、"machine"を機械と翻訳し、それがコンピュータであるという認識で使われています。

　そして、機械学習は機械の学習、端的に言うと「人間の学習能力のようなものをコンピュータで再現しよう」ということです。人間はいろいろなことがら（データ）から知識を学んでいきますが、それと同じようにデータの背後に潜んでいる知識を学習しようというのが機械学習における共通のゴールになっていると言えます。

**活用が広がる機械学習**

　機械学習の技術はすでにさまざまなところで活用されています（図1.1）。音声の認識、画像の認識、動画の認識といった基礎技術に関しては多くの場合、人間を超えるようなレベルまで来ていると言えます。身近なところでは、iPhoneの音声認識はかなりの精度を実現していますし、顔認識も人間よりもうまくできるようなレベルに達しています。

これは長らく情報分野で興味を持たれていたところですが、ウェブや SNS から情報を抽出することもできるようになっています。たとえば、X（旧 Twitter）など SNS でフォロー関係を調べると、こういうコミュニティがあってこんな話題が流行っているというようなことがわかります。もっとビジネスに近い話では、Amazon で、ある商品を買ったら「他の人はこんなものを買っていますよ、あなたもどうですか」というようにおすすめの商品が提示されます。こうしたレコメンドシステム、推薦システムは多くの EC ショップで導入されています。こうした活用はまさにビッグデータのなせる業で、機械学習の典型的な成功例だと思います。

　また、工業製品の品質管理は機械学習が非常にうまく成功しているところです。出来上がった製品をチェックし、不具合がないかどうかを確認するのが品質管理の工程ですが、プロの人たちが 1 つ 1 つ「これは OK」「これは NG」と判断しています。それに対し、たとえば工場のベルトコンベアで流れてくる製品をカメラで監視し、エラーに該当する特徴があればアラートを出すというように、画像認識の技術を使ってあやしいものを自動的に検出できると人間の負荷を減らすことができます。

　ロボットの制御も、いま AI が入っているところです。たとえば工場の中で動かすロボットでも、ある程度事前にプログラミングしてしまえばそれで OK なものもありますが、実際にものを見て、認識して、A ならそれをつかんで別のところに持っていく、B ならラインから外すというような複雑なものになってくると、やはり機械学習で作業を学習させるということになります。

　もう少し夢のあるロボットの話では、ヒューマノイドロボットみたいなものをちゃんと動かそうというところで機械学習の応用が考えられています。ヒューマノイド型となると、ロボットのボディを

たくさんの関節で構成します。それを人間のように動かすことになるわけですが、これは高次元のシステムの制御になります。1つ1つの動きを組み合わせて、連携した1つの大きな動作をさせるというのはとても難しいことなのです。パーツに使われる物質の摩擦があったりしますし、経年劣化で動きが悪くなったりもします。そういうところも、機械が学習しながら障害を超えていくようなシステムを作ることができれば、ある程度、動きが悪くなってきたら自分で動きを修正しながら動作するということができます。

このあたりについては本当に実世界で使えるかどうか、いま議論になってるところです。たとえば研究室内では、ロボットを動かしたがうまく立たない、けれどいろいろやってしばらくしたら立てるようになった、というような実験をすることができます。しかし、実社会では、たとえば動けなくなった車を適当に走らせて、何回もぶつけているうちに走れるようになるという実験ができるかといえば、それはできません。

最近は、シミュレーションの中で実験をして実世界に持っていけばいいという話があります。現実の世界をそのままバーチャルな世界に持っていってシミュレーションできることを全部やろうという、「デジタルツイン」と呼ばれる考え方です。ただ、まだどうなるかはわかりません。バーチャルな世界と実世界のギャップは常に存在しており、わずかなズレに思えても、細部を極めていくとそのギャップは大きな問題になります。いまレーシングゲームが非常にリアルに作られているので、それを自動運転の学習データに使えばいいのではないかという話もあるのですが、そのままやるとこれは全然駄目です。人間の目にはリアルに見えるゲームの画面ですが、実世界のものとは全然違うのです。もちろん、そのギャップをどう埋めるかという研究もいろいろとされていますが、相当難しい話です。

そのほか医療のような、今まで人間にしかできないと思われた分野にも AI の活用が検討されています。たとえば医者は昼夜を問わず、けがや病気の人が出ると診察しなければなりませんし、大学病院では学生の指導もしなければなりません。特にコロナ禍では、そこにコロナ患者も来ていたわけですから、大変な環境で働いています。その最中にも他の患者の診察もありますので、完全にキャパシティを超えている状況です。人間の医者は重要な部分に集中して、ある程度簡単にルーチン的にできる部分を自動化してしまおうという流れは避けられません。その部分で精度をいかに上げていくかということが、いま本当に喫緊の課題になっています。

　こうした分野は 10 年前なら、AI を使いましょうと言うと、かなりの人からふざけるなという感じのことを言われる状況でした。人間の聖域だったわけです。ですが、いまやもうそんな悠長なことは言っていられません。AI をうまく活用して、医療分野全体を変えていかないとこのままではもたないことは明らかです。誰でもコンピュータに診断されるのは嫌だと思いますが、もう医者が足りていないので無理なのです。トリアージではないですが、あなたは間に合わないので残念ながら諦めてくださいと言われるのがいいか、AI が見てくれて何とかなるのがいいか、そういう選択になってくるわけです。そうすると、AI の性能を上げていって、少しでもプラスになるようにしていくということが必要になってきます。そういう意味では、医療分野は分野として大きく変わってきています。理化学研究所（理研）でも医療分野に力を入れて研究を進めていますが、社会的に協力を仰げるようになってきたというのは大きなところです。

　コンピュータ分野として見ると、データがたくさん取れるようになって、それを保存するストレージやネットワークがこの 10 年ぐ

**機械学習（Machine Learning）**
■機械学習：データの背後に潜む知識を学習する
　•現在の人工知能を支えるコア技術
■さまざまな応用例：
　•音声・画像・動画の認識
　•ウェブやSNSからの情報抽出
　•商品やサービスの推薦
　•工業製品の品質管理
　•ロボットシステムの制御
　•医用画像処理
■ビッグデータ時代の到来に伴い、機械学習技術の重要性はますます高まりつつある

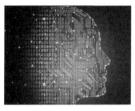

**図1.1　さまざまな応用例**

らいで大きく発展し、それと機械学習の技術が成熟してきたタイミングが合致したのが、日本では2015年ぐらいのことです。それらが大きく発展してきて、いよいよAIに何かできそうだと機運が高まってきたところです。

## AIと人が協業する未来

　AIが人間の仕事を奪うという批判もよく言われます。5年ぐらい前にAIの大きなブームが来て、最初は、AIを使って何か楽しいことができるのではないかとかなり前向きな雰囲気でした。それが一段落すると、今度は「怖い」というほうに世の中の人たちが考えるようになります。AIがいろいろなことをできるようになると、自分たち人間は要らなくなってしまうのではないかみたいな不安が襲ってきたわけです。

　その後、フェイクニュースの話が出てきました。画像や音声を自動生成して、あたかもその人がそう言っているかのような映像を作れるようになって、それがSNSを通して拡散されてしまうという

問題です。いまは面白がって、イタズラのようにフェイクニュースを作っているのかもしれません。しかし、人を傷つけてしまう、さらには社会を扇動するようなことに使われてしまう可能性もあります。たとえば戦争が起きているとき、敵国がひどいことをしているのだと嘘の情報を流して自国民の感情をうまく揺さぶることで戦意を高揚させて、それで戦況を変えることもできるわけです。

　情報は本当はものすごい武器で、今でもフェイクで作られたポルノなど大きな問題になったりしますし、SNSによる政治への介入も批判を集めています。そういった部分をどう抑えていくかということは、まさに文系の研究者も含めて議論しているところではあります。いまや人間に匹敵するような能力を発揮することもあるので、遊びレベルではすまなくなってきているのです。

　こうした話がAIに対するネガティブな批判につながるという一番のポイントのところだと思いますので、もう少し私の考えを述べておきます。

　近い将来自動運転のトラックを高速道路で走らせようという話がされていますが、そうするとトラックドライバーたちは自分たちの仕事がなくなって困るということになります。もちろん、自動運転技術の活用でトラックドライバーの仕事が減ったとき、それによって仕事がなくなってしまった人をどうするかということは考えなければいけないですが、このまま増えていく配送需要を減っていく人口でカバーできるかというと、それも現実的ではありません。

　たとえばコンピュータを使ってデータを処理するような仕事も、いずれ簡単にAIに置き換えられてしまうでしょう。いま、小学校からプログラミングの授業を始めようということになっていますが、簡単なプログラミングは自動化ができてしまうので、ある意味ルーチン的な仕事として将来的にはなくなっていきます。しかし、だか

らといってプログラミングを勉強しなくてよいわけではなく、基礎を身につけつつ、より創造的なプログラムを書く、人間にしかできないことに結びつけていくことが重要になってくるのです。何か新しいビジネスモデルを考える、あるいは、すばらしいアートを作るなど、AIにできそうもないことは、まだまだたくさんあります。ですので、私はわりと前向きに考えています。機械学習やロボットを使って自動化すれば、その空いた時間を他の作業やクリエイティブなことに使えるようになります。もちろん技術革新によって、そういうものも徐々に変わっていく可能性はありますが、少なくとも短期的にはそうそうAIへは置き換えられないだろうという領域はあるので、そういうところは、これからもしっかりと人間がやっていくことになります。

また、どうしても人間がコミュニケーションを取る必要がある領域、たとえば接客、看護、介護などは、なかなか簡単には置き換えられないでしょう。接客、介護など最近はロボット技術が活用されてきていますが、必ずしもどこでも使えるわけではありません。一部が置き換わったとしてもニーズは残る可能性は高いので、そういうところで仕事のマーケットをしっかり作るということが重要だと思います。

先ほどトラックドライバーの話をしましたが、高速道路を走るという部分は置き換わりそうな雰囲気になってきました。しかし、街中の道路を走って実際に家の前まで運ぶという部分はちょっとやそっとでは自動化できないでしょう。人間のルールの中で動かなければならないので、自動化するにはまだまだ難しい面があります。

いま大規模な工場では、ファクトリーオートメーション（Factory Automation：FA）、あるいはスマートファクトリーといって、工場の機能（生産管理、製造、設備保全、設計開発、品質管理など）

が自動化されています。それでも、自動化できる部分とそうではない部分があります。機械がうまく処理できるように人間がサポートしてあげる必要があります。そのような部分は AI が著しい発展をしたとしても、急にはなくならないでしょう。とはいえ、いま企業が進めているルーチン的なタスクの自動化は今後も加速していきます。効率化という意味で一番切りやすいところですから。ただ、非常に難しいもの、面倒くさいものは人間がやらなければならないこととして残ります。そのため、人間がやるべきこと、機械に任せられることをうまく切り分ける必要があるのではないかと思います。

　AI に限らず科学技術が進むと、それを悪用する人は常に出てきます。そこをどう抑えるか、抑えるという言い方はよくないかもしれませんが、現実との折り合いをどうつけるかというところが重要です（難しいところでもあるのですが）。我々としても、「こういう研究をやってはいけない」と言われるのはやはり怖いのですが、一方で、「本当にすごいこと」が可能になり始めてしまうと、そこで起きていることに自分たちも加担しているのだと感じないわけにはいかないという状況になっています。10 年前は AI を研究するというと、好きにやってくださいという感じで何の問題もなかったのですが、いまは AI が現実社会に与える影響の一端を担っているという気持ちを抱きつつ研究を進めていく、そういう時代になってきたのだと思います。

―――コラム：人工知能という言葉は何を指す？―――

　「人工知能（Artificial Intelligence：AI）」という言葉は 1950 年代ぐらいからキーワードとして登場し、その後 60 年、70 年ぐらいから人工知能という研究分野が本格的に進んでいきます。

　さて、今ではいろいろなメディアで使われる人工知能、AI とい

う言葉ですが、ただ人工知能という言葉が何を指しているのか、明確な定義があるわけではありません。一般的には「IT（Information Technology）のすごいもの」というニュアンスで使われているように感じます。特定の技術を指しているというより、コンピュータがすることはすべて AI というイメージになっているようで、正直なところ研究者としてはちょっと使いにくい言葉になっています。私自身、研究分野として自分自身の専門領域を AI と呼ばないようにしています。できるだけ具体的に、「機械学習（マシンラーニング）の研究をしている」と言うようにしています。

　IT のすごいものという意味合いの AI をマーケティング的な用法と捉えると、では、本当に中身にある AI とどう区別するかという話になります。そもそも AI に明確な定義がないため、その区別は難しいのですが、「技術として機械学習が背後で動いているかどうか」というところを 1 つの観点にできるのではないかと思います。たとえば、人がいるかどうかをセンサリングしてエアコンの風向きを変えるといった機能を AI と呼ぶのは、何かちょっと違う気がします。機械学習で何かを学んでいるものを AI と呼びたい、と研究者サイドでは思っているところです。

## 1.2 ｜ AI 研究、これまでとこれから

### 論理的人工知能と脳型情報処理

　AI の研究はどういう歴史をたどってきたのでしょうか。人によって解釈は違うかもしれませんので、私の解釈として、ここでこれまでの流れを振り返ってみましょう（図 1.2）。

　まず、いわゆる人工知能と呼ばれる研究は 1950 年代に産声を上げました。1960 年代に記号処理、論理推論と呼ばれるキーワード

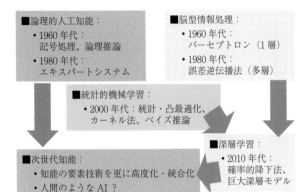

**図 1.2** AI 研究のこれまでとこれから

で第一次 AI ブームが起きます。これは残念ながらあまり大きくブレイクせず、第一次 AI ブームは収束します。1980 年代になって、今度はエキスパートシステムというものを作ろうという研究が日本で盛り上がりました。これは、世界的にも大きな関心を集めたと言われます。1980 年代に研究されていた方とコミュニケーションをとる機会がありますが、世界中を見ても AI の研究にこれだけお金を投じた国は日本以外にないのではないかというくらい、巨額の予算が投下されたと聞いています。

　当時、家電メーカーも「ファジー」「ニューロ」といったキーワードをよく使っていましたし、一般の人にも AI という言葉がかなり浸透し始めた時代だったのだと思います。ファジーやニューロは、数値化の難しい、いわゆる "あいまいな" 感性や表現を使ってコンピュータを制御しようという理論です。知識をはっきりとルール化するエキスパートシステムを補完する技術として注目されていました。ただ、残念ながらエキスパートシステムはうまくいきませんでした。

エキスパートシステムの基本は、人間の社会のルールをコンピュータのプログラムとして書いていけば人間の知能みたいなものができるだろうというものです。たとえば当時、エキスパートシステムで医療診断をしようといろいろな規則を書き出そうとしていました。Aという病気の原因にはBとCがある、したがってAかどうかを判断するためには……というようにどんどんルールを書き出していきます。ところが、ルールの数が組み合わせ的に増えていくと、とても当時のコンピュータの性能ではさばききれないことがわかります。おもちゃみたいなモデルの中ではうまく機能しても、ちょっと複雑な世界に持っていくと全然動かなくなってしまいます。そうして、第二次AIブームが終わります。その後、1990年代から2000年代ぐらいまで「AIの冬の時代」と言われるくらいの状況が続くことになります。

　エキスパートシステムのようなものを、論理的人工知能という言い方をします。日本では特にこの論理的人工知能が1980年代に流行っていましたが、もう1つ、脳型の情報処理の研究をしようという動きがあります。こちらも1960年代に最初のブームを迎えています。

　脳型情報処理とは、「パーセプトロン」という人間の脳細胞を極端に単純化した神経回路のようなものを考えて、それで情報処理をすれば人間みたいな知能が作れるのではないかというところがスタートでした。パーセプトロンはperception（認知）という言葉をもとにした造語です。脳の神経細胞（ニューロン）はたくさん集まって回路網を形成し、細胞間で情報の伝達を行っています（図1.3）。ニューロンは他のニューロンから出力を受け取り、シナプスで増減し、それを足した値がある値を超えると出力し、他の結合されたニューロンに伝送します。パーセプトロンはそのニューロンの振る舞

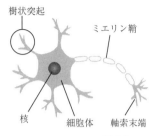

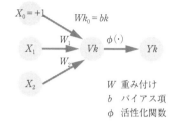

**図 1.3** ニューロンのイメージ図

いを模したもので、1層というシンプルな構成で複数の入力を重み付けし、0か1を出力するモデルです。しかし、ニューロンで情報処理装置を作りいろいろと検証すると、それでは実は非常に簡単な問題も解けないことがわかります。そうして第一次のAIブームは去ってしまったと言われています。

　1980年代になると、多層のパーセプトロン、いわゆるニューラルネットワークの学習アルゴリズム「誤差逆伝播法」が開発されます（図1.4）。これが大きなブームになって、たくさんの人がさまざまな分野でニューラルネットワークを使って何かやろうということで、1980年代後半から90年代前半、情報分野以外でも数多くの論文が出ています。

　ところが、それでもやはり難しいものは解けないという限界が見つかって、1990年代中盤には第二次AIブームが収束します。一方で、1990年代後半から、いわゆる統計的機械学習の研究が非常に盛んになっていきます。歴史的には、1960年代から統計的機械学習のいろいろな理論が登場しています。そして、1990年代中盤・後半にはそうした研究が一気に進み、2000年代になって今のよう

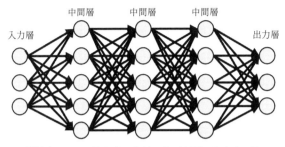

**図 1.4** ニューラルネットワーク（4 層）のイメージ

な機械学習の技術が非常に注目を集めるようになりました。これ以降、たとえば統計学に基づく機械学習、凸最適化、カーネル法、ベイズ推論といったものが大きく発展していくことになります。

### 論理的人工知能と脳型情報処理の融合へ

　日本で盛り上がるのは 2000 年代に入ってからですが、実は世界的な機械学習ブームはこの頃にはもう来ていました。基本としては 1980 年代の脳型情報処理の技術と 2000 年代に発展した統計的機械学習の理論的な道具立てが組み合わさって、今のディープラーニングの基礎技術が出来上がったと言えます。それによって、2010 年代に人間を超えるようなものがいくつか作られるようになって、世界的に注目されたというところです。

　一方で、論理的人工知能の流れは現在も続いています。かなり人数は減ったと思いますが、今でも「私は第二次ブームの頃にやっていた世代です」と言われる先生方がいます。言語は論理的なものなので、背後に知識のデータベースを作って、そこから推論すべきだという考えをお持ちの方は多いです。ですが、そういうところにディープラーニングが得意な若い学生・研究者が入って、革新的な技術が開発されています。

今後どうなるのかは誰もわからないところではありますが、1つの可能性として、論理的な人工知能と今のディープラーニングの先端的な技術を組み合わせて知能の要素技術をさらに高度化し、より高度な判断ができるようにしようという研究は、多くの研究者がやろうとしているところです。今のディープラーニングや生成AIではできないことはまだたくさんあるので、その1つの穴埋めとして論理的な人工知能を使おうということです。次の世代はここを融合していかないといけないのだろうという気はしていますが、なかなか形にはなっていないのが現状です。

　論理的人工知能と今のディープラーニングに代表される脳型情報処理の融合がなぜ難しいのかというと、そもそも学問領域として別のところから出てきたもので、両者はこれまであまり融合していなかったという状況があります。論理的人工知能は伝統的な情報科学の範疇で、たとえば組み合わせとか論理、自然言語処理といったテーマを扱います。それに対し、脳型情報処理の話、統計学、画像処理などの話は、これまであまり扱ってきませんでした。いまや自然言語処理はディープラーニングが主流になっていますが、従来のアプローチは、言語には文法があるのでその文法をしっかりコンピュータに記憶させて、言語を学ばせるべきだという考え方だったわけです。

　情報系の学科で見ると、やはり2つの流れがあって、論理のほうはいわゆる離散数学を使う分野で、統計的機械学習は連続の数学、いわゆる積分・微分を使う分野です。その2つの流れは今もあまり融合していません。数学の違いという、簡単には越えられない壁があるわけです。いろいろなところでいろいろなプロジェクトが立ち上がっていますが、学術的な世界で見ると、どんな研究をすればいいのか、それ自体がまだ見えていない、具体的な話にはつながって

いません。

　道具立てが全然違うので非常に難しいところなのですが、徐々に進んできてはいます。これは、より柔軟な若い人に負うところが大きいです。ディープラーニングしか知らない、そこからスタートしている人というのは我々が知っている余計なことを知らずに来ているわけで、ある意味、変なバイアスがありません。我々からするとこういう論理的な知能と今のディープラーニングとは全然違うものという固まった考えがはじめからあるので、そこをつなげるのは大変だと考えてしまうのですが、ディープラーニングから学び始めたというような人は、いま必要となるエッセンスの部分だけを取り出して、良いものを作りたいという発想あるいは考えだけで研究を進めていくことができます。前述のように、自然言語処理がこの5〜10年ぐらいでディープラーニング化されています。それに反発する動きも多少あるのかもしれませんが、実際に研究している人たちはそんなに気にせずにやっているのだと思います。

　ただ、そのビジョンが固まるまでには、もうしばらく時間が必要なのかもしれません。今のディープラーニングや生成AIですごいことができるようになったけれど、これがすべてではないということはみんなが共通して認識していますが、ではどうやって前に進んでいくかという部分は人によって違っているようです。ブーム的には、人間みたいな学習をしようとか、量子コンピュータを使ってやればいいとか、いろいろなことが言われています。まだ具体的なビジョンが固まっていないという意味でも、研究分野としては実は面白いタイミングになってきたのかもしれません。今まで積み上げてきたものが一山越えたところで、次に何をしようかというのを世界中のみんなが探していて、まだどれが当たるかわからないという非常に面白いタイミングだと思います。

## 1.3 | 人工知能の / による / のための研究

　人工知能の研究というとき、人工知能そのものの研究と、人工知能を使った研究、そして人工知能を活用したり、活用するための研究の3つに分けて考えてみることができます。

### 人工知能そのものの研究

　まず1番目が人工知能そのものの研究です。これはAI技術そのものを作りましょうということで、背後にある数学、情報科学、コンピュータがメインの話になってきます。

　この部分は一般の人からは見えにくいかもしれませんが、世の中でAIを使って何かしましたというと、その裏にはコンピュータのプログラムがあり、そのプログラムの背後にある数学で動いています。つまり、そのプログラムを作った人がいて、その数学のモデルを作った人がいるということです。「AIを理解する」というとき、専門家でなくともそこまでさかのぼって理解しておく必要があります。

　AIの場合、すでにあるAIプログラムにいろいろなデータを与えて、学習させて、うまくチューニングするという部分がとても重要で、それがデータサイエンティストのニーズが高い理由でもあります。しかし、そういったチューニングの工程は時間とともに徐々に自動化されていくはずです。AIの進化は著しく、単に「何かの処理をするプログラム」を書く部分はいずれAIでできるようになるので。

　しかし、機械学習の分野のプログラミングについてはちょっと複雑な話になります。AIの難しさは、プログラムにバグがなくても

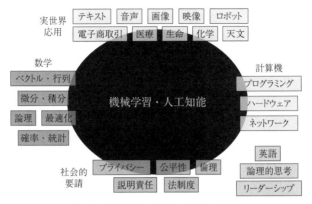

実世界応用 テキスト　音声　画像　映像　ロボット　電子商取引　医療　生命　化学　天文

数学 ベクトル・行列　微分・積分　論理　最適化　確率・統計

機械学習・人工知能

計算機 プログラミング　ハードウェア　ネットワーク

社会的要請 プライバシー　公平性　倫理　説明責任　法制度

英語　論理的思考　リーダーシップ

**図 1.5**　機械学習の研究に必要なスキル

動かないケースが多々あるのです。通常のプログラムであれば、バグをプログラマが見つけて直せば動くようになります（そして、その工程を AI にやらせれば、リリースまでもっと効率良くできる可能性は高いです）。

　しかし、AI のプログラムの場合、プログラムは合っているのにデータの性質とその背後で仮定する数学が合わないとうまく動かなかったり、期待した値が得られなかったりします。というのは、AI のプログラムではデータの何らかの特性や癖といったものを活かして数学的な仮定を置きます。それによって出力する予測の精度を上げようとするのですが、その仮定が合わないケースも当然あるわけです。そういった場合、正しい AI のプログラムを使っても予測がまったく当たらないということが普通に起こりえます。これは単にプログラマががんばってチューニングするだけでは根本的に解決しない話です。背後にある数学に戻ってアルゴリズムの原理を考え直して、またそれをプログラムに書き直すということが必要になります。

つまり、本当に必要になってくるのは、背後にある数学を本当に理解してアルゴリズムを考え直せる人です。そういう人たちが、これからこの分野を背負って立つ人だと言えるでしょう。国の産業を引っ張る原動力になる、そういった人たちを日本でもしっかり育てていかないといけないのではないか。それにはまず、こういう背景があるという技術開発の部分が広く理解されることが本質的なピースの1つになるのではないかと私は考えています。

## 人工知能による研究

　人工知能による研究は、いわゆる AI 技術の社会応用に直につながる部分とも言えます。AI を使ったビジネス展開、あるいは AI を科学研究へ活用しよう、AI で社会課題を解決しようという3つの動きがあります。

（1）　AI を使ったビジネス展開

　IT、金融、自動車、素材、教育、医療、電力、土木と、もはや AI とつながっていない分野はないと言えます。もう新しい応用例を出すのはほぼ無理という感じで、一巡して今は生成 AI を用いた二巡目に入っているという感じではないでしょうか。

　日本の場合、特に企業を中心としてプロジェクトの始まりのタイミングでこれからやりますというプレスリリースを出すケースが多いようです。ただ、これは技術開発という意味では世の中にネガティブな影響を与えてしまいがちなところではないかという気がしています。たとえば、がんの治療を AI を使って高度化する研究をこれからやりますというようなプレスリリースが出ると、がんは AI で早期発見できるようになったという雰囲気になってしまって、多くの企業がその関連ビジネスに向けた予算を作ろうとします。しか

し実際は、研究としてのスタートであって、そこから長い年月をかけて本気で取り組み、やっと実用化できるという話です。そのギャップの大きさが非常にまずい事態を引き起こしつつあるのではないかと懸念しています。

　AIというキーワードが魔法のように使われてしまうことの問題点は2つあり、1つは一般の人にとっての過度な期待の煽りとなることです。実際の状況を知ると、期待の分だけ「結局AIは使えない」という落胆につながってしまいます。もう1つは、研究開発における影響です。特殊な場合に解決しただけかもしれないのに、もうあらゆるところに使えますというようなアピールをされてしまうと、その分野は研究として終わってしまっているという感じになってしまいます。それは研究者にとっても、その分野にとっても不幸なことです。いろいろな分野で難しい問題を解こうとしている企業の方もたくさんいるのですが、そういう人たちが実は優れた能力を持って努力しているのに、あまり優遇されていないところがあるのかなと感じたりもしています。

## (2) AIを使った科学研究

　AIを科学研究に活用するというのは、大学などアカデミアでは特に非常に重要になってきています。物理、宇宙、化学、材料、医学、生命、情報、制御など、あらゆる分野でAIが必要となっています。そのため東京大学の中の、ほとんどの学科の先生とAIがらみでお話をすることになったというほど、特にデータを取るような分野はもはや人間だけでは研究できない時代になってしまっていると言えます。

　典型的な例としてよく出されますが、アンテナをたくさん設置して宇宙から飛んでくるデータを取るというと、桁違いの量のデータ

| NeurIPS | 2013 | 2014 | 2015 | 2016 | 2017 | 2018 | 2019 | 2020 | 2021 |
|---|---|---|---|---|---|---|---|---|---|
| 参加者数 | 1200 | 2400 | 3800 | 6000+ | 7500+ | 8000+ | 13000+ | online | online |
| 論文投稿数 | 1420 | 1678 | 1838 | 2500 | 3240 | 4856 | 6743 | 9467 | 9122 |
| 論文採択数 | 360 | 414 | 403 | 568 | 678 | 1011 | 1428 | 1900 | 2344 |

■企業のスポンサーも非常に活発：
- 2000年代前半：アメリカの大手IT企業
- 2000年代後半：世界中の大手IT企業
- 2010年代：非ITを含むさまざまな業種の
　　　　　　ベンチャー〜大企業
- 2020年代：スポンサーを縮小へ？

近年の傾向：
論文投稿数はついに頭打ち（オンライン化の影響か？）

**図1.6**　人工知能の国際的な学会「NeurIPS」の論文投稿数の推移

を毎秒毎秒受信するわけです。そんな膨大なデータを人間が見て判断することはもはやできません。たとえば、超新星の爆発が起こった、などのデータから自動的に見つける以外方法がないわけです。あるいは生物の分野でも、これまでは対象の生物をずっと観察して、何かの動きがあったら数えるという形でした。それに対して画像認識の技術が適用できれば、本来の研究に充てられる時間が増えるわけです。そういった作業的な部分をAIで効率良くやろうということで非常に期待されています。

　最近盛んに研究されているのが、パブリケーションバイアスの話です。いま非常に多くの論文が出ています（図1.6）。たとえば、年に1万本の論文が出たとして、1万本の論文を1年間で読むには1日に約30本を読む必要があります。毎日30本の論文を読める研究者はおそらくいないと思います。つまり、結局は有名な人が書いた論文はみんなが読むけれど、それ以外の論文は誰にも読まれないという状況になってしまっているわけです。実は読まれていないという論文の中に、すごい大発見が隠れているかもしれません。

　逆に、論文が通るということは実験がうまくいったからなのです

が、実際にはその背後にうまくいかなかった実験が山ほどあるはず
で、それらは世の中に一切出てきません。これをパブリケーション
バイアスと言うのですが、良いものは現れて悪いものは現れてこな
いというような世界になってしまっているわけです。こういう状況
もまた、その分野を正しく理解する上では非常に大きな問題になっ
てきます。というのは、分野全体のマップがあったとして、このあ
たりは論文が出ていないのでまだ誰もやっていないのではないかと
そこに研究リソースを投資するという決定がされたりします。しか
し、失敗の情報が共有されないことで、また同じような失敗を繰り
返すだけになってしまう可能性があります。このようなところに
AI技術を使おうというような科学研究の方法論の議論がかなり進
んでいます。たとえば、何万本の論文を自然言語処理の技術で分析
して分野マップを作ることができれば、どういう分野が未踏で、あ
るいはどういう分野において何が解けない問題として残っているの
かがわかります。

　サーベイ（あるものごとの全体像や現状を把握するための調査）
は研究する上で非常に重要です。そのサーベイがもはや追いつかな
い時代になってきてしまっているという状況なのです。いわゆる情
報過多の問題はニュースだけでなくて、研究分野でも起きているの
です。どれを読んでいいかもよくわからないという現状で、たまた
ま読んだ論文が面白かったから研究がうまくいくというケースもあ
りますし、良い論文に出合えずに苦労しているケースもあったりし
ます。そういう状況をAIの技術で改善できれば、もっと効率良く
研究できるような気がしています。

　もちろん、物理的な実験をロボットにやらせるという話はずっと
研究されていて、ある意味で王道の研究です。これは、化学実験で
試験管を振る作業をロボットにやらせるなど、そういった作業的な

ものをロボットで自動化するということです。ただ、そうした物理的な面だけではなくて、ソフト的な部分も進めていければ、科学研究の方法論を変えられるのではないかということで、かなり注目されている領域です。研究者自身が自分たちもこのままでは駄目だという危機感が高まってきているということでもあると思います。

(3)　AIによる社会的課題の解決

　AIを使ってビジネスにならない部分をしっかりやっていくというところも非常に重要です。たとえば高齢者のヘルスケア、自然災害、教育、感染症対策など、社会として解決が求められている課題は多岐にわたります。しかし、ビジネスとしてお金になるかというとなかなか難しいのが現状です。また、信頼性の問題から民間の力に任せることが難しいということもあり、なかなか発展しない領域なのです。こうしたところは公的機関がやっていく必要があるのではないかと私は考えています。

　教育もその一環で、教育は塾などビジネスとして成り立つ側面もありますが、もう少し深いところで、小学校の教育などの問題を議論していく上では、公的機関がしっかり関わっていく必要があるだろうと思います。

## 人工知能のための研究——AIの倫理的・法的課題への対応

　ここまでは技術の話でしたが、ここから文系に近い話になります。まず、AIの倫理的・法的な側面への対応です。こうしたテーマが公に議論され始めたのは2015年あたり、それまではおもちゃみたいなものだったAI技術がいよいよ現実社会で徐々に使われるようになってきて、ある意味、脅威を感じるようになってきた頃のことです。

倫理的な話は日本よりもアメリカやヨーロッパのほうが敏感かも
しれません。職員採用のために AI を用いると、黒人が通りにくく
て白人が通りやすいとか、女性が通りにくくて男性が通りやすいと
いったことが起こるケースがあります。過去のデータで単純に学習
させると、AI は世の中で起こった現象をそのまま学んでしまうの
です。すると、今のスタンダードにはとても合わないということに
なるわけです。

　これは難しいところで、過去のデータの傾向を正しく学習できて
いるわけで、アルゴリズムは間違っていないのです。それが受け入
れられないというなら、逆に答えを変えなければいけないというこ
とになります。「公平性の研究」という言い方をしますが、データ
の公平性が今の公平性に即していないので、逆に答えを不公平にし
なければいけないということです。それを AI のシステムにどう適
切に入れるべきかは、技術の問題というよりは倫理的な問題です。
私は、今の社会で何が望まれているかをうまく定量化して、それを
アルゴリズムに組み込んでいくしかないのではないかと考えていま
す。

　こうした倫理性を実現する機械学習技術の研究も進んでいますが、
一方で、それは何か入れ物みたいなもので、実際の基準をどう決め
るかは人間社会の話です。その部分の議論がいろいろなところでな
されていますが、なかなか難しいというのが現状です。本当にリア
ルになっている問題が実はそれほど多くないということもあるのか
もしれませんし、利害関係が影響しているかもしれません。まだま
だわからないところも多かったりしますので、そのあたりの議論は
今後ますます発展していくところでしょう。

　また、法的な課題に関して、しっかりと対策を作っておくという
ことが必要となります。自動運転車が子どもを轢いたときに誰が責

任を取るかというのは典型的な例ですが、そういった問題はもう近い将来起こることは間違いないのですから。このあたりは答えがない問題で、社会的にルールを決めるしかないのですが、何かルールを決めると当然そのルールがおかしいと言う人が出てくるので、そのつど調整しながら、永遠に議論をし続けていく問題なのではないかと思います。

　さらに、倫理や法律だけでなく文化的なものも含めて、社会のスタンダードは国ごとに異なります。特に、AI は容易に国境を越えるので、国の文化の違いをどう乗り越えていくのか。こうした文系の知見と技術的な専門知識の両方を理解している人がなかなかいないというところも難しさにつながっています。いま法律分野ではそういったスキルを持つ人たちが活躍しつつあるようです。たとえば、特許などを専門にしている人や技術に明るい人が技術のための法律を考えるという動きが起きています。

　一方で、本当に倫理的な側面に技術の研究者が入っていけるかどうかというのは大きな課題です。技術なくして技術の倫理的な議論はできないはずで、乗り越えていかないといけない壁ですが、日本だからということではなくて、国際的に見てもやはり難しい分野です。

　最後に、経済という面で AI がどう関わっていけるのかという点について考えていきます。いわゆる政府の経済指標は非常にアナログな方法で作られています。しかし、現実はどうかというと今はもう電子商取引がされていますし、実際は、高速にデータを取ることができます。金融系の機関とかトレーディングしているところではそういったデータを使って AI による予測も行われています。つまり、お金儲けのためには使われているのですが、たとえばそれが政策を作るといった面にはまだあまり活かされていないように思いま

Machine Learning as Liberal Arts

Masashi SUGIYAMA

University of Tokyo Press, 2024
ISBN978-4-13-063459-5

# 教養としての機械学習

Masashi SUGIYAMA
**杉山 将** [著]

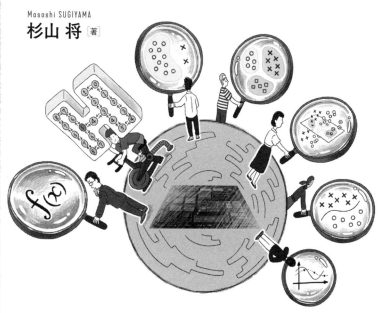

Machine Learning as Liberal Arts

東京大学出版会

JN051441

# 目 次

人情報管理、法的課題、さらには、AI システムの安全性等に関する議論が行われています。

　そして第 3 章と第 4 章では、本書の主題である機械学習の原理について、踏み込んだ議論をします。機械学習にはどのような種類があるのか、機械学習で予測が当たるのはどうしてか、機械学習の性能を更に向上させるにはどうすればよいか、などの重要な問いに対して、できるだけ平易な言葉で回答できるよう努力しました。そして第 5 章では、今の機械学習技術ではまだ実現できていないこと、今後の研究の発展によって実現できそうな未来について議論しました。本書が、読者の皆様の機械学習に関する興味を高め、理解を深める一助になることを願っています。

　最後に、本書の出版にあたり、東京大学出版会の小暮明様（当時）、岸純青様、そしてライターの大内孝子様には大変お世話になりました。心より御礼申し上げます。

2023 年 3 月

理化学研究所／東京大学

杉山将

ろうかと不安になりました。そこで東京大学出版会の方と相談し、筆者が講演し、それをライターの方に分かりやすく書き起こして頂くという口述筆記形式で、本書を出版することになりました。

筆者は、文部科学省系の研究機関である理化学研究所と東京大学に所属しています。文部科学省は、我が国における人工知能関係の研究を促進すべく、人工知能／ビッグデータ／IoT ／サイバーセキュリティ統合プロジェクトを 2016 年度に開始しました。そして、その研究実施機関として理化学研究所に革新知能統合研究センター（理研 AIP センター）を設置しました。筆者はそのセンター長を務めています。

AI に関する研究は、国境を越えて国際的に行われています。特に、国際学会での議論が非常に活発に行われており、筆者も毎年、機械学習分野の国際会議に参加し、運営にもたずさわっています。本書の第 1 章では、AI 研究の歴史的な背景や、機械学習の研究分野の国際的な動向、そして、日本が置かれている現在の立ち位置について、筆者の国際学会での経験を交えてご紹介します。

第 2 章では、理研 AIP センターでの研究活動を交えて、AI の研究分野を概観します。AI の研究は、AI の技術開発の研究、AI の技術活用の研究、そして、AI の社会的影響の分析に大別されます。技術開発では、情報科学、数学などの基礎科学分野の研究者が集まり、AI の基礎となる数学的な理論研究から、その理論をコンピュータのプログラムとして実装するためのアルゴリズムの開発まで、幅広い基盤的研究が行われています。AI の技術活用では、医療診断の効率化、高齢者の支援、教育の高度化、自然災害の防災・減災、新材料の開発など、日本が抱えるさまざまな社会課題の解決や科学技術の発展に AI 技術を活用する方法を研究しています。AI の社会的な影響分析では、AI を活用するための倫理規範の策定や、個

に学ぶ機会も確実に増えつつあります。しかし、AIの技術的な内容を理解するためには、理系の大学生レベルの数学が必要なことが多く、また、プログラミングなどコンピュータに関する比較的高度な知識も要求されます。そのため、AIを本格的に活用しようとしている技術者や、これからAIを専攻しようと勉強している理系学生以外には、AIの原理の理解は必ずしも容易ではありません。

　筆者は、大学時代は情報工学を専攻しており、大学院から現在まで、人工知能の1つの研究分野である機械学習の数学的な理論の構築やアルゴリズムの開発を行ってきました。つまり、典型的な理系研究者です。これまで機械学習の専門書や教科書を何冊か出版してきましたが、筆者の出版物も例に漏れず、数式やプログラムコードがびっしり書かれたものばかりです。一方、近年の爆発的なAIブームに便乗する形で、これまでに企業の経営者や技術者、政府関係者、大学の教員・学生、更には中高生と、幅広い方々にAI・機械学習についてお話をする機会をいただいてきました。皆さんAIに対する関心は非常に強く、議論はいつも大きく盛り上がります。そして議論の末、大抵はAIの技術的な原理をもっと深く理解したいという要望にたどり着きます。しかしそのたびに、「すみませんが、まずは線形代数・微分積分・確率統計などの数学を勉強していただいて、その後に改めて……」とお茶を濁して、交流を終わらせてしまっていました。多くの方にAIの学習の原理を理解してもらうにはどうすればよいか、いつも悩んでいました。

　そのようななか、2022年4月に、東京大学出版会より機械学習の研究についての啓蒙書を出版しないかと声をかけていただきました。これはまたとない良い機会だと二つ返事でお引き受けしようかと思ったのですが、専門家向けの書物しか執筆したことのない筆者が、幅広い読者に興味を持ってもらえるような啓蒙書を書けるのだ

# まえがき

　2010 年代中盤に、音声や画像を人間と同じくらいの精度で認識できる人工知能技術が発表され、メディアで大々的に報道されました。その後、プロ棋士に勝てる囲碁プログラムが開発されたり、実用的な言語翻訳サービスが登場したり、自動運転車が街中で試運転を始めたりと、人工知能技術の活用は拡大を続けています。今や、人工知能、AI という言葉を見聞きしない日はないほど、幅広く社会に認知されるようになったのではないかと思います。人工知能の研究は 1960 年代に始まり、2 度のブームを経て今回が 3 度目のブームだと言われていますが、ついに今度こそ真に役立つ技術が登場しつつあると感じます。

　筆者の周りでも AI に関する話題は事欠かず、「それは AI に学習させれば良いんじゃない？」というような言い方を日常的によく耳にします。でも、そもそも「AI が学習する」とはどういうことでしょうか？　何となく、AI という何らかのシステムが存在して、それに何らかのデータを与えれば、AI が私たちの望んでいるような振る舞いをしてくれる、といったイメージを持たれている方が多いように思います。一般的なメディアでは、AI がどのような場面で使われているかといった事例紹介や、人間が仕事を奪われるといった AI の普及が社会に与える影響に関する議論が中心で、AI の学習の原理自体を説明している媒体は多くないように思います。一方、AI の学習の原理を解説した日本語の専門書やウェブページが近年たくさん出版、公開されていますので、技術的な内容を専門的

す。お金が絡むとなかなか難しいところではあるのですが、公的機関ができることというのは多少なりともあるはずです。

　ただ、そういう意味では日本の場合は AI を使って何かをするという前に、そのベースとなる DX（デジタルトランスフォーメーション）化が必要です。まずは全部の情報を端末に打ち込むようにしましょうというところから始めることになります。今、世の中でDX と言われているのは悪い話ではありません。2015 年頃から AIが盛り上がったわけですが、日本では、まだ一部の IT 企業にしかAI を使える環境にありません。それらの企業は AI を使ってグッと伸びているのですが、多くの製造業などその他の多くの企業では、FAX で受発注しているところをまず何とかしなければいけないという状況です。AI 活用のためには、まずそのベースの部分をしっかりやらなければならず、ある意味、問題の本質が見えてきたというところだと言えます。コロナ禍によって良くも悪くも DX 化せざるをえなくなった印象もありますが、やはりこの一歩を乗り越えないと先はありません。

# 2 人工知能と社会

///////////////////////////////

## 2.1 | 研究者とともに、学生とともに、エンジニアとともに

　私は現在、人工知能の中でも機械学習という分野に、主に3つの
ポジションで関わっています。まず、国立研究開発法人理化学研究
所（以下、理研）のセンター長という立場です。国の研究機関であ
る理研は、プロの研究者を雇用して研究するというスタイルで運営
されています。博士号を持っているいわゆるポスドク研究員が大勢
いて、学術的な研究を進めています。もう1つが、東京大学の教授
という立場です。学生とともに研究を進めていますが、大学は学生
がメインですので、主に大学院の学生とともに研究しています。最
後の1つが、企業の技術顧問という立場です。企業の中にいるエン
ジニアとともに具体的な事業に機械学習技術の導入を図っています。
これはビジネス領域における人材育成という観点で取り組んでいる
ことでもあります。

　このように私は3つの立場で機械学習の研究を行っていますが、
大学の中にいながら、国内外の企業に片足を突っ込んで、そこでま
た新しいものを仕入れてきたり、最先端の技術を社会に還元すると
いった部分をしっかりと進めることが重要だと考えています。これ
から人工知能の研究をさらに発展させていこう、社会に応用を広げ
ていこうとするには人工知能の技術と個々の領域をうまくつなぐこ
とが必要になるからです。

同時に、社会の中で人工知能を使ったサービスや商品を利用する場合に、人工知能を使ったシステムの中で何が行われているかを知ることは非常に重要になると考えています。というのは、今後、人工知能が社会のシステムの中に本当に組み込まれていくと、人間は人工知能とともに働き、ともに暮らしていくことになります。すると、「大量のデータがあれば分類できる」「なんでも予測できてしまう」と、人工知能を便利なブラックボックスにしたままでは困ることになります。相手がブラックボックスのままでは、なぜ人工知能がその提案をしたのか、果たして、それをよしとしてよいのか判断できません。

　本書が伝えたいのはそこです。現在の人工知能の主流となっている機械学習について、そのなかでどういう学習が行われているかをなるべく平易な表現で解説しています。機械学習の入門書の前の「入り口」になることを目指しています。

## 2.2 | さまざまな分野における AI 技術の応用

　人工知能が実社会のさまざまな分野で応用されていく技術だということを、まずは理研の活動から見ていきたいと思います。

　前述のように、理研 AIP（革新知能統合研究センター）は私がセンター長を務めている研究機関です。革新的な人工知能基盤技術を開発し、それらを応用することにより、科学研究の進歩や実社会における課題解決に貢献することを目標にしています。

　理研 AIP には 3 つのグループ（汎用基盤技術研究グループ、目的指向基盤技術研究グループ、社会における人工知能研究グループ）があります。汎用基盤技術研究グループ、これは機械学習の理論を作るところです。これは技術的な話で、第 4 章で取り上げます。

ここでは、AI 技術の活用を研究する「目的指向基盤技術研究グループ」、AI の社会的影響の分析を行う「社会における人工知能研究グループ」の活動を紹介します。

目的指向基盤技術研究グループでは、新しい技術に基づいた人工知能（AI）の社会実装を目的に、「AI による科学研究の加速」「社会問題の解決」という 2 つの軸で研究を進めています。

AI による科学研究の加速という観点では、特にがん研究や再生医療研究、材料科学分野といった伝統的に日本が強いと言われている分野の強化を目指しています。アメリカ、中国、ヨーロッパ各国などが巨大な予算を投じている分野なので、日本もあぐらをかいていられない状況です。何とか AI でお手伝いできればと考えています。

社会課題の解決という観点では高齢者のヘルスケア、自然災害の防災・減災などを中心に研究を進めています。高齢者の生活の質の改善は、最終的には民間企業が担う部分が大きくなるのかもしれませんが、まずはそのスタートの部分を公的な機関としてサポートすべく進めています。

**医療診断**

医療の分野では、特に医療診断に関してさまざまな取り組みが進んでいます（図 2.1）。たとえば、アルツハイマー病の予測に活用できる AI です。アルツハイマー病は脳内にアミロイド $\beta$ という物質がたまることが原因の 1 つではないかと言われていますが、そのアミロイド $\beta$ の蓄積を予測する AI を作ろうと、実際に実証実験が始まりつつあります。

また、心臓血管を自動検出する 3 次元モデルの研究もあります。血管がどう走っているかというのは心臓の手術には非常に重要な情

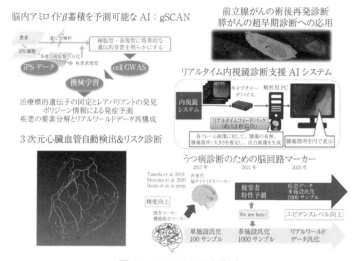

脳内アミロイドβ蓄積を予測可能な AI：gSCAN

前立腺がんの術後再発診断
膵がんの超早期診断への応用

リアルタイム内視鏡診断支援 AI システム

治療標的遺伝子の同定とレアバリアントの発見
ポリジーン情報による発症予測
疾患の要素分解とリアルワールドデータ再構成

3 次元心臓血管自動検出&リスク診断

うつ病診断のための脳回路マーカー

Takeda et al. 2019
Morioka et al. 2020
Ikeda et al, in prep.

**図 2.1** AI による医療診断

報です。しかし、心臓は常に動いている臓器なので、3 次元モデル
の作成が難しく、専門家でも必ずしもできるとは限りません。そこ
で大量のデータを集めて学習することで自動検出させようというも
のです。これは、人間に匹敵する、もしかしたら細かい部分に関し
ては人間を超えるかもしれないレベルのものができつつあります。

　前立腺がんの術後の再発診断への応用は、かなり早い段階から良
い成果が出ているプロジェクトです。再発診断における病理診断を
AI モデルでサポートしようというものです。基本的に、病理診断
は患部から採取した細胞を使って病理医が顕微鏡で検査しますが、
病理画像を集めて学習することで「どの部分ががん化しているか」
を自動検出できれば再発の診断に非常に有効です。これは企業と組
んで製品化するというフェーズになっています。

　さらに、実現するとより多くの人たちに大きなメリットが提供で

きるものとして、リアルタイム内視鏡診断支援 AI システムがあります。内視鏡検査は、現在、内視鏡を身体の中に入れて臓器の映像を医師が診るという形です。何か腫瘍らしきものを発見したとしても、別途、検査を行い、診断し、必要があるとなれば手術するということになります。内視鏡検査の際にリアルタイムで診断までできれば、その場で患部を切るということも可能です。こういった技術が実用化されつつあります。

　その他、うつ病診断のための脳回路マーカーの開発を進めています。うつ病を発症する人は脳の中で行われている情報処理に特異なパターンがあるのではないかという仮説のもと、データを集めて調べていくと、やはりそういうパターンがあるらしいということが見えてきました。その特有のパターンが発見できればうつ病の診断に活用できるし、場合によっては、それに対して何かフィードバックを与えることで症状を抑制することができるかもしれません。どこまでいけるかというのはまだわからないところではありますが、うつ病診断のための脳回路マーカーを見つけ出そうという研究です。

　このように、AI が活躍できる重要な分野の１つとして、医療分野にはかなり力を入れています。

## 高齢者のヘルスケア

　高齢者のヘルスケアでは、高齢者の認知機能の改善という対症療法的なアプローチに AI 技術の導入を図っています（図 2.2）。認知機能が落ちてきた高齢者に対して、外部からの刺激をうまく与えることによって悪化を抑える「共想法」という方法があります。共想法は何人かで、ある課題について話してもらうトレーニングを定期的に重ねることで認知症の悪化が抑えられるというもので、具体的には会話で行います。

共想法に立脚した認知的介入を可能
とする、グループ会話支援システム

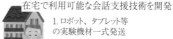
在宅で利用可能な会話支援技術を開発

1. ロボット、タブレット等
の実験機材一式発送

2. 説明・同意取得
実験説明
同意取得
機器の使い方説明
※電話等で参加者
をフォロー

3. 在宅で実験

4. 実験後にアン
ケートを記入

5. 実験機材一式返却

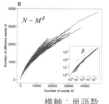
横軸：単語数
縦軸：単語種類数

共想法（会話）による介入効果
言語流暢性の向上

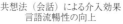
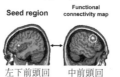

左下前頭回
(−44, 18, 6)

中前頭回
(50, 12, 36)

統制群 介入群

図2.2　AI と高齢者の認知機能改善

　こうしたグループ会話でうまく効果を出すには、ある種、会話を
円滑に進めるためのテクニックが必要になります。特に高齢者の場
合、なかなかお喋りを止められなかったり、逆にうまく発言を引き
出せなかったりします。そこで、人間が司会をするより、むしろ小
さいロボットに司会者役をさせて会話の支援をすると、みんなの会
話がわりとうまくいくそうです。

　そういった場面で AI 技術を入れていけるのではないかというこ
とで、実際に高齢者に何人か来てもらって、何回かテストを行って
います。コロナ禍でロボットを高齢者の自宅に送ってタブレットか
ら参加してもらうという形に変わりましたが、医学的なエビデンス
もある程度集まりつつあり、共想法の会話によって言語の流暢性の
向上が多く見られるようになってきています。今後、全国の老人ホ
ームなどに広げていこうということで活動を進めています。

## 防災・減災

　これまで科学がとってきたアプローチは、データをもとに人間が理解できる仮説を立て、未知の事象を解明しようというものでした。しかし時代が進んで、さまざまな技術によって観測データが蓄積されると、従来のやり方では扱えないことが多くなってきました。そこで、最近は複雑なものを複雑なままモデル化して扱おうという方向に変わってきています。これが、科学の研究を AI でサポートする「データ駆動科学」です。AI にデータを与えてモデル化し、そこから人間が見てもわからないような法則を見つけ出して、それを使って予測をしていくというアプローチです（図 2.3）。

　実際に、地震のデータを使った都市地震動シミュレーションがある程度可能になりつつあります。文部科学省の防災科学技術研究所と一緒に取り組んでいるプロジェクトですが、理研の「富岳」というスーパーコンピュータなどを使って大規模なシミュレーションを行っています。それによっていろいろな知見がまとまりつつあるというところです。

　地震に関係する海・陸のプレートの動きのような複雑なものはもはや人間が見ても理解できないモデルです。ですが、そのモデルで予測ができれば、少なくとも防災や減災といった意味では活用できるわけです。ただ、それがデータ駆動科学の究極のゴールかどうかまだわかりません。科学の発展のためには、予測できるようなモデルを作成するだけでなく、それを人間が理解することが必要です。つまり、もう 1 つ上の段階に進めなければならないということになります。そういう意味で、研究としてはまだこれからという状況です。

　その他、防災・減災への取り組みとしてやっていることに気象予報の支援があります。気象庁との共同プロジェクトです。さまざま

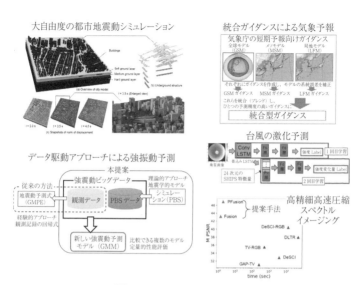

**図 2.3** AI による防災・減災

　な方法を組み合わせて降雨や台風などの気象を予想するわけですが、このとき、どのような予測データを組み合わせるかというところが重要になります。情報学的な言い方をすると、これは「異なるモダリティ（様式）の入力から予測したものをどう組み合わせるか」という問題で、すでに標準的な方法論が議論されています。こうした情報統合の技術を使って、複雑な予測モデルをうまく統合するという部分を AI 技術で支援しています。

　その他、台風の激化予測にも AI 技術が活用されています。普通の画像ではなくスペクトル画像を機械学習で学習し、それによって、たとえば雲の中の情報など、目では見えない情報をうまく使って予測するというものです。

**教育**

　AIを使った教育という観点では、自然言語処理に特化した研究を行っています（図2.4）。大学入試センター試験に代わる大学入学共通テストに記述式の論述試験の導入が計画されたことから、日本語や英語の文章をコンピュータに理解させようと始まった研究でした。

　いま世の中に出ている翻訳のサービスなどを見ると、自動翻訳の精度は非常に上がってきています。しかしこれは、何か日本語で書かれた文章を入れると英語の文章が出てくる、それが十分翻訳として扱えるレベルまで来たという話です。決してコンピュータが意味を理解しているということではありません。書いた文章を評価するには、その中身を理解しなければなりません。それには、これまでの機械翻訳──山ほどのデータをもとに学習し、「日本語でこう入力すると英語でこう出力する」というモデルを作る──とは別のアプローチが必要になってきます。

　その「文章を理解する技術」をコツコツと作っているところで、いま日本語で書いた質問に対して何か答えの文章を打ち込むと「あなたの文章は何点」とリアルタイムで出せるようになっています。たとえば、論述試験であれば「本文に『○○に気づいた』とあるが、それはどういうことかを70字以内で説明せよ」という問題の答えを評価する観点は決まっています。この観点において何点という評価で、さらにその解答文を改善するためにこうすればよいというコメントを出すのです。こうした技術が必要となる背景には、やはり論述を教えるのは先生にとって大変なことだということがあります。生徒は1人1人、ある意味ゼロから文章を書いてきます。それを先生が読んで、個々に採点し指導するのは非常に時間がかかります。少なくとも、ベースの部分に関してAI技術である程度フォローし

**図 2.4** 教育に AI を活用する

ておいて、本当に細かい部分だけを確認するという形にできれば、先生はより本質的な指導、文章を書く力を育むことに時間をかけることができます。

　ただ、コロナの影響により結局、論述試験の導入は中止になってしまったこともあり、研究の方向性は少し変わってきています。こうした技術を発展させていって対話的に指導できるようにしていこうというのが、この研究における究極の課題と言えるでしょう。

　将来的には、文章の書き方をインタラクティブに教えてくれるものが理想ですが、現在すでに、たとえば英文のライティング支援ができるような商用サービスが出ています。私も日頃そういうサービスを使っていますが、文法的に間違っているところを見つけてくれたり、こう書いたほうがよいというような提案をしてくれます。機械翻訳のレベルとは思えない、非常に良いレベルのものが提示されます。直接、そうした会社を支援しているわけではありませんが、

技術的にいろいろ関わっているところがあります。

---

**──コラム：自動翻訳があればいい？──**

　翻訳は機械学習がかなりカバーできるようになった分野ですが、正直なところ、たとえば文学作品をふさわしい日本語に直すとかいうのは人間にしかできないと思います。究極の洗練された文章にするというのは人間がやるべきだと思います。一方で、8割ぐらいの精度でいいので同時通訳で間に合うように翻訳の文章を出すというのは、機械翻訳が圧倒的に得意です。

　通常、同時通訳では1人の人間が集中できるのが10分と言われます。そのため、1時間のセッションに通訳が3人必要だったりしますが、当然その分コストがかかります。機械翻訳であれば人間と違って疲れないし、それなりに良い性能も出るようになってきています。もうすでに我々の業界では、学会などで普通に自動翻訳を使うことが多いです。

　少なくとも英語に関しては、Zoom などのオンライン会議ツールにも音声から自動でテキストに変換する機能が搭載されるようになっています。テキストを翻訳するサービスにはかなりの精度のものがあり、音声合成で発話する技術も十分なレベルまで来ているので、ある意味、リアルタイムの通訳はもう技術的にはできていると言えます。

　総務省の国立研究開発法人情報通信研究機構（NICT）もかなりのレベルの自動翻訳のソフトを出しています。ただ、そうであっても英語の勉強をすることは重要ですので、当面は教育を支援する技術が大事になってくると考えています。

## 2.3 | AI と社会の関係

　前節で見てきたように、生活のさまざまな分野において AI という技術が導入されようとしています。一方で、これまで AI はコンピュータ分野の研究者・技術者が研究しているもので、一般の人にはあまり関係ないという見方がされてきました。それが、人間の囲碁のチャンピオンが AI に負けてしまったとか、自動運転の車が出てきたというような形で一般の人が AI というものを意識するような時代になってきました。さらに最近は、対話型の生成 AI が大きなブームになっています。

　特にこのブームの初期の頃、急に出てきた AI というものに対して「怖い」というような思いを持つ人が非常に多かったという印象があります。このような現象が起こる原因の1つとして、特に日本では、技術系の人と生活の中でテクノロジーに関わっていない人とのギャップが非常に大きいことがベースとしてあるように思います。ある程度技術に慣れている人は新しいものを見ると、これは未来を変える原動力になるかもしれないという希望を持って前向きな気持ちで取り組めるものなのですが、テクノロジーに慣れていない人にとって、その中身が自分の想像をはるかに超えていると、自分にマイナスの影響があるのではないかと考えてしまいがちです。

　また、AI が盛り上がり始めた頃に、社会に AI が入ってくるとこういう仕事がなくなるというレポートが出たりしました。後になって、それは正しい調査ではなかったとか、異なる意見が出たりしましたが、最初に脅威を煽るようなレポートが出てしまったことにより、多くの人が自分の仕事も AI に取られてしまうのではないかという恐怖感を抱き、AI に対する反感も生まれました。

もちろん、強制的に AI に賛同しろということではありません。AI は人間にとって有害なので研究をやめましょうという考えがあること自体はかまわないと思います。しかし一方で、世界を見るとやはり AI によって救われている分野がたくさんあります。

　日本の少子化は深刻で、高齢者の比率が増えていく時代に入っています。事実上、すでにサステナブルではない状態です。もう人手で何でもまかなうということは現実的ではないわけです。となると、やはりロボットを含めた AI 技術を使って社会の課題を解決していかなければならないでしょう。そうしたとき、やはり社会制度そのものも時代に合わせて変えていく必要があります。昔の法律のままでは新しい AI 時代に対応できません。それには、人々の考え方を更新していくことが重要となります。

## AI の倫理指針策定における内外の動き

　理研の「社会における人工知能研究グループ」では、社会系の研究者と技術系の研究者が手を取り合って、AI の社会的影響を分析し正しく情報発信していくことを目標に活動をしています。まずは、国内外における AI の倫理指針を策定しようというところから始めました。

　2016 年からスタートして、いろいろなところで活動に参加してきました（図 2.5）。当時、そもそも AI とは何か、原則的なものを確認しようということで世界的にもいろいろな議論が行われていました。日本でも、人工知能学会という国内の学会がいち早く、AI の倫理指針を策定しようということで倫理委員会を設置しました。我々理研センターのメンバーもそこに加わって、倫理指針の策定に携わりました。

　総務省も AI ネットワーク社会推進委員会を立ち上げています。

■人工知能学会倫理指針（2017）
■総務省 AI ネットワーク社会推進委員会
  • AI 開発ガイドライン：OECD に提案（2017）
  • AI 利活用ガイドライン（2019）
■内閣府人間中心の AI 社会原則（2019）
  • AI-Ready な社会のあり方：G20 に提案
■ IEEE Ethically Aligned Design（2019）
  • 世界最大規模の電気電子学会の倫理指針

**図 2.5**　人工知能学会の AI 倫理指針策定への貢献

実は私もその委員会に参加していましたが、「AI 開発ガイドライン」を取りまとめて最終的に OECD（経済協力開発機構）に提案しました。総務省は、さらに 2019 年、「AI 利活用ガイドライン」を発行しています。内閣府も「人間中心の AI 社会原則」を作ろうと議論を重ね、最終的に「AI-Ready な社会のあり方」という提言として G20 に提案しました。また、IEEE（Institute of Electrical and Electronics Engineers：電気電子学会）という世界最大規模の学術団体も委員会を設置し、「Ethically Aligned Design」という倫理指針の策定に動き出しました。我々理研センターのメンバーも参加して、この策定に関わっています。

　こういった議論が 2017 年から 19 年にかけて非常に盛んに行われました。今は、一通りの議論を通して AI とはどういうものかを共有することができ、その動きが落ち着きました。

　このあと、AI が実際に使われ始めると今度は法律的な問題が出てきます。よく言われるのが、自動運転車が人間を轢き殺してしまったときに誰が責任を取るかという責任論です。また、生成 AI に

よる著作権の侵害も大きな社会問題になりつつあります。今の法律はいろいろなところで AI に対応できていません。そのため、AI 時代に即した新しい法制度に関する提言をする必要があります。

## 日本に合った個人情報共有システムとは

AI の利活用には、個人データの管理という問題が付随してきます。AI という技術は、データを集めて、モデルを作って、予測したり、データ処理をしたりするわけですが、一般的にはその際に多くのユーザーの行動データを集めます。たとえば、古くはいわゆる GAFA（Google、Amazon、（旧）facebook、Apple）が中心になって個人データをどんどん集めていました。インターネットで検索したり、ものを買ったり、クリックしたり、という行動履歴をたくさん集めてきて、その人がどういう好みを持っているかをモデル化する、というように。

実際、そうして集めた情報から学習させたモデルで、その人が他にどんな嗜好を持っているか、他に何を買いそうか、次にどの広告をクリックするかということがかなりの確率で当たるようになってきました。

すると、たとえば広告で考えると、これまではテレビや新聞などのマスメディアで一方通行で広告を流すという形だったのが、ターゲットを狙って広告を出せるようになります。ブラウザを立ち上げたり、検索結果を表示すると広告が表示されますが、その人が高確率でクリックしそうなものがカスタマイズされて並ぶようになっています。これは広告効果が高いので、多くの企業がそういった個人情報を積極的に収集していました。

しかし、これは消費者側からすると、自分の行動履歴がどんどん吸い取られているということになります。知らない間に自分の情報

が筒抜けになってしまうのではないかという不安を抱かせることになり、今は時代が変わって個人情報はもう一切取りませんというのが新しいトレンドになっています。

AIを社会で活用していくためには、こうした人々の不安にうまく対応しつつ、それでも有用なデータをしっかり集めて、生活の質の改善などに役立てていく必要があります。

諸外国ではどうでしょうか。アメリカはやはり自由な国で各企業を中心にした動きです。ヨーロッパではGDPR（General Data Protection Regulation：一般データ保護規則）をはじめとして、個人情報の流通をかなり厳しく規制しているという印象です。中国は政府主導で個人データをしっかり管理するというモデルになっています。国や地域によって違いはあるかもしれませんが、大きく、この3つの方向性があります。

では、日本はどうするのかというと、まだあいまいな状況です。GAFAが登場したとき、日本の会社もそれを真似してどんどん個人データを集めようとしましたが、結局GAFAの規模にはかなわず、GAFAが展開するサービスの代わりとなるようなものは日本から出てきませんでした。では、ヨーロッパ的な規制のルールで日本も個人データを守る流れになるかと思いきや、ヨーロッパとはある程度距離を置いているという印象です。一方で、中国のやり方も日本人にはあまり受け入れられないでしょう。やはり、日本に適したモデルを考えて実装していく必要があります。

そういう背景のもと、理研AIPでは個人主体の新しいデータ共有システムの検討・推進を進めています（図2.6）。これは企業や政府にデータを預けるのではなく、あくまでも自分のデータは自分が責任を持って管理するというアプローチです。

具体的には、スマートフォンのアプリで自分のデータを暗号化し

■個人情報の収集・管理：
  • 米国：企業主体、欧州：国家で規制、中国：政府主導
■理研AIPでは個人主体のデータ共有システムを推進：
  • データ持ち主の同意によるデータ公開
  • 低コストで展開可能
■実用化：
  • 埼玉県立高の生徒12万人が2020年度電子調査書を実運用
  • 今後の展開：地域医療連携、個人健康情報管理、遠隔医療・看護、行政手続き電子化など

**図 2.6** 個人情報共有システム

た形でインターネット上に保存しておき、自分のデータにアクセスできる対象を自分で明示的に選べるようにする仕組みです。埼玉県の高校生の電子調査書をこの仕組みで共有するということでシステムを構築し、すでに2020年度に実証実験をしました。

　さらに地域の医療連携であったり、個人健康情報の管理、遠隔医療・看護、行政手続きの電子化といった、いわゆるDXの部分でこの個人情報共有システムの運用をテストしていこうとしています。

　「データの持ち主の同意によるデータ公開」という仕組みが日本には性に合うのではないかということで、こうした実証実験を進めていますが、今後もAI技術の進化を見据えて、AIの社会実装に最適な方法を探っていく必要があると考えています。

# 3 機械学習の基礎

//////////////////////////////

## 3.1 | AI の学習モデルと学習法

　まず「AI が学習する」の「学習」とはどういうことでしょうか。第 1 章で述べたとおり、人間が学習するようにコンピュータが学習することを機械学習（ML）と呼びます。この機械学習のプロセスでは、たくさんのパラメータを含んだモデルを対象として、ある学習基準のもとで、コンピュータがそのパラメータを学習していくのです。

　研究のスタイルとしても、「モデルをどう決めるか」という話と「どう学習するか」という話に分けられます。一般的にディープラーニングの研究では、モデルを作り込む研究をしている人が多いです（図 3.1）。

　第 1 章で 4 層のニューラルネットワークの図を示しました。たとえば人間の視覚野を真似したもの、あるいは注意（アテンション）というようなメカニズムを組み込むことで性能が上がるというようなものなど、いろいろな研究がされています。こうしたモデルの研究はわかりやすくてアイデアも出しやすいので多くの研究者が取り組んでおり、ものすごい勢いで研究が進んでいます。モデルを改良するとぐんと性能が上がり、ある意味、成果が出しやすいということもその理由です。

　たとえば、昔から使われている古典的モデルに線形モデルがあり

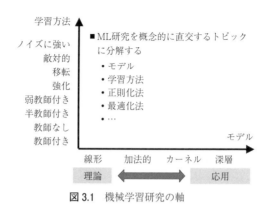

**図 3.1** 機械学習研究の軸

ます（図 3.2）。これは、ただ単に直線で分けるというもので、あまり難しい問題を解くことができません。複雑な非線形モデルを使いたいというニーズは当然、かなり昔からありましたが、単純に非線形化してしまうと、データの次元数を増やしたときに、モデルのパラメータ数が指数関数的に増えていってしまうという問題がありました。そこで加法モデルというものが出てきます。これは、次元ごとに別々に非線形モデルを作って組み合わせるというようなやり方で、統計学では昔から使われています。しかし、各次元で別々にモデルを作るということで、あまり表現力が高くなく、必ずしも良い答えが得られるとは限りません。

90 年代にブレイクスルーとなるカーネル法が登場し（図 3.3）、高次元の、非線形の関数を非常に簡単に扱えるということで、その後さらに、ニューラルネットワークの研究が急速に進みます。今はさらに、もっとディープにしたもの（多層モデル）が登場し、それがどんどん深く、複雑な方向に進んでいるというところです。パラメータ数も何億とか何千億というレベルまでいっていますし、非常に複雑なモデルになっていっています。これらについては、3.8 節

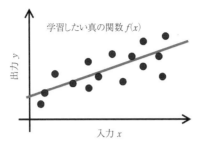

図 3.2　シンプルな線形モデルのイメージ

■ データを直線分離できない場合は、非線形関数によって、データを高次元の特徴空間へ写像し、特徴空間内でマージン最大化する

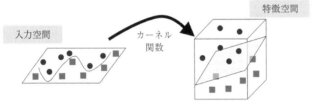

■ 2000年代初頭までの主流：
- モデルの学習が簡単
- 高次元のデータでもまあまあうまくいく
- 大規模なデータに対して計算時間がかかる

図 3.3　カーネル法のイメージ

でみていきます。

　このように、学習モデルの研究に関してはブレイクスルーがあり、一気に進みました。それに対して、学習法の研究は徐々にしか進んでいかない分野です。難しい数式を使って証明するという話になるので、やはり時間がかかるものなのです。私がやってきた研究は、こちらの学習法の領域です。

深層学習は深層モデルを使っていろいろ学習するもの、カーネル法もカーネルモデルを使った方法ということで、我々の学習法の研究というのは、さまざまなモデルの研究に対して横串を刺して進めているという感じです。何か新しい学習方法を作ったとして、これは線形モデルにも使えるし、加法モデルにも、カーネルモデル、深層モデルにも使えるということです。基本的には、理論の証明をするときには一番簡単な線形モデルを使います（これは証明がしやすいということから）。そして、実際に応用で使うという場面には、最先端の深層モデルを持ってきて、それでテストしてもらいます。

つまり、コンセプトとしてモデルと学習法が独立しているということが非常に重要で、こういった見方をすることで研究を非常に進めやすくなります。近年、学習法の研究が大きく発展したのも、モデルと分けて考えることでディープラーニングのブームに流されずにすんだという要因が影響しているのかもしれません。モデルの部分は現在、あまりにも激しい研究開発競争にさらされていますので、そこに巻き込まれると、学習法の理論をじっくりと突き詰めていくことが難しくなってしまいます。そこを切り離せるということが、研究として大きな発展につながったと言えるでしょう。一方、さらに研究を発展させていくためには、モデルの研究と学習法の研究を融合させていくことも、今後重要となるでしょう。

以降、本章では学習方法を軸に機械学習の仕組みを見ていきます。

## 3.2 3種類の機械学習

さて、コンピュータに学習させる、いま主流の考え方は次の3つがあります（図 3.4）。

■教師付き学習：人間が教師となり、
　コンピュータの学習を手伝う

■教師なし学習：コンピュータが人間
　の手を介さずに自発的に学習する

■強化学習：ロボットが人間の手を
　介さずに自発的に意思決定を行う

図 3.4　3種類の機械学習

・教師付き学習

　人間が教師となり、コンピュータの学習を手伝う

・教師なし学習

　コンピュータが人間の手を介さずに自発的に学習する

・強化学習

　ロボットが人間の手を介さずに、自発的に意思決定を行う

　それぞれがどのようなものかは、このあと見ていきますが、「AI
を使って○○したい」というときに、まずはそれに向いている「学
習」が、教師付き学習なのか、教師なし学習なのか、強化学習なの
か、そこから考えることになります。
　今後ますます、企業の中で「我が社はこういうデータを持ってい
るので、これを使って機械学習をしてこんなことがしたい」と新た
なビジネスを考える機会が増えていくと思います。そこで、機械学

習の技術を現実のシステムに導入するためには、やろうとしていることにどういう学習が必要なのか、そもそも、教師付き学習、教師なし学習、強化学習で何ができるのかを理解しておかなければなりません。

　もちろん判別すること自体が難しくもあり、どういった機械学習の枠組みで学習するかを正しく決めるというステップが重要になります。実際には、どこにどの学習方法を用いるのがよいかというのは、ある程度、研究者が考えなければいけないところではあります。

## 3.3 | 教師付き学習とは

　機械学習の中で一番メジャーなのが教師付き学習です。これは、人間が教師となって生徒であるコンピュータの学習を手伝ってあげる学習方法です。図3.5のように、教師はどんな質問に対しても答えられるという前提で、生徒であるコンピュータが何か質問すると答えを教えます。生徒であるコンピュータはまだ学習が終わってい

■教師：どんな質問に対しても答えられる
■生徒：教師に質問し、答えを教えてもらう
■ゴール：（生徒が）教師の知識を学び取る

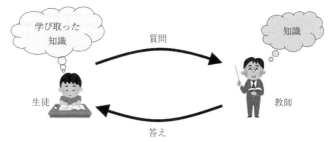

**図3.5** 教師付き学習（1）

ないので、質問と答えを繰り返します。生徒から見ると、質問と答えのペアがたくさん集まるわけです。その質問と答えのペアを通して先生が持っている知識を学び取ることがゴールとなります。

たとえば、質問を10回すると答えを10個もらえますが、ただその10個のペアを覚えるというより、教師がその10個の答えを作るときに使った背後にある知識を学び取るというところがポイントです。

これを業界の用語では「汎化」と言います。一般化するという意味で「汎化能力」とも言いますが、教わった答えを覚えるだけではなく教師の知識全体を学び取ることによって、まだ学習していない新しい問題を出されても、その学び取った知識を使って答えを導き出すことができます。

我々教師が普段、大学で授業をやっているのと感覚的には同じです。授業の間に生徒の質問を聞いて答えを教えます。それを何回か繰り返して、実際のテストではあえてちょっと意地悪な問題を出します。わざとひねった問題を出して、知識をしっかりと学び取っているかどうか、汎化できているかどうかを調べようとするわけです（図3.6）。それと同じようなことをコンピュータに行わせようということです。

過去のデータを集めて機械学習でコンピュータが学び取ると、そのデータから未来が予測できるということになります。つまり、背後にある知識を獲得することによって未来予測が可能になるわけです。

抽象的な話ではわかりにくいと思いますので、音声認識を例に説明します。いまスマートフォンでも普通に音声認識ができるようになりましたが、たとえば「こんにちは」と私が発した音声（波形）が質問で、答えは「こんにちは」という5文字のテキストになりま

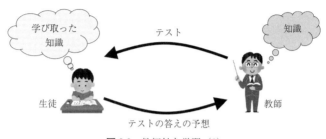

■教わった答えを覚えるだけでなく、教師の知識全体を学び取れば、答えを教わっていない新しい質問（テスト）に対しても正しく解答できる（汎化能力）

**図 3.6** 教師付き学習 (2)

す。

　私たちは言語を認識できるので、この音声（波形）は「こんにちは」、この波形は「おはよう」というように教師として答えを教えることができます。そうやって質問と答えをペアとして、たくさん集めて学習させることで、コンピュータは新しく入ってきた音声を正しく認識できるようになるというわけです。質問と答えのペアを覚えるだけではなくて、きちんと汎化することができれば、まだ聞いたことのない声が入力されてもテキストに変換することが可能です。たくさんデータを集めれば、それが本当にできてしまうのです。

　画像認識の場合も同様で、「ここに犬がいる」とか「ここに自転車がある」、「ここに車がある」というような認識（画像の理解）をしようということですから、画像そのものが質問になります。我々は画像を見ればわかりますので、それに対して「ここに犬がいる」「ここに自転車がある」「ここに車がある」という答えを教えます。たくさんのデータを集めて学習させると、見たことのない画像を入力として与えても、「そこに犬がいる」「そこに車がある」ということがわかるようになります。

音声認識（声→言語）

画像理解（画像→物体）

言語翻訳（日本語→英語）

**図 3.7** 教師付き学習の例

　言語の翻訳も同じです。たとえば、質問は日本語、答えは英語という感じで、「こんにちは」という日本語に対して、英語は「Hello」だというように教えていきます。それを文章レベルでたくさん用意して教えてあげれば、見たことのない文章を与えても、それを英語に変換できるようになるということです。

　実際、このような学習方法で音声認識、画像認識、言語の翻訳はもう人間を超えるレベルまでいってしまいました。もちろん、いろいろな条件が必要かもしれませんが、実用的に十分に使えるレベルまで来ています（図 3.7）。

　この教師付き学習はデータがたくさん取れる場面では非常にうまくいっているやり方ですが、面白いのは、コンピュータは実態として意味をまったく理解していないところです。

　以前は、言語の翻訳では日本語の文法を調べ上げて、日本語の文

章を与えられたら、主語がこれで述語がこれ、というように構造を分析し、意味を理解して、英語に直すということをやっていました。しかし2010年代、ディープラーニングの時代に入ると、そういったことを一切忘れて、ただ単に質問と答えのペアとして山ほどデータを学習させましょうというアプローチに方向転換したのです。

　実際、教師付き学習は意味を理解しているわけではなく、極論すれば単に入力に合わせた出力をしているだけなのですが、実はそれでも見た目上は人間を超えるぐらいのものを作れてしまうというわけです。

　ただ、おかしな失敗をしてしまうことがあるのも事実です。人間が翻訳する限りは、下手な英語になるケースはあるかもしれませんが、意味を真逆にするような「not」を入れてしまうようなレベルの間違いは、普通はしないでしょう。ですが、機械学習ではそういうことが起こってしまうケースもあるのです。過去のパターンを学習しているので、翻訳で出てくる文章はとても自然なのですが、実は意味が全然違っているということも起こりうるのです。これが1つの弱点だと言えます。

## 3.4 ｜ 教師なし学習とは

　次に教師なし学習です。これは名前のとおり、教師がいない状況でコンピュータに勝手に学習させる方法です（図3.8）。しかし、「コンピュータをインターネットにつないでおくと、勝手にデータを集めて何か学習してくれる」わけではありません。やはり、そんなにうまい話は転がってはいないのです。

　機械学習のゴールは、コンピュータが学習した知識から、何か役に立つもの、有用なことを見つけることです。教師付き学習では、

- ■教師はおらず、コンピュータが1人で学習する
- ■ゴールは勉強した知識から、「有用なこと」を見つけ出すこと
- ■データの山から情報を「掘り出す」ことから、データマイニングとも呼ばれる

**図 3.8** 教師なし学習

人間が教師役として自分たちが持っている知識をコンピュータに与えるという形で、「コンピュータに見つけてほしいもの」を答えとして与えています。同じように、教師なし学習でも、何が有用なのかをあらかじめ人間が決めてあげる必要があるのです。

AIにデータを大量に与えれば、そこから何らかのパターンを勝手に学習して人間の役に立つことをやってくれるというのが、一般的な教師なし学習のイメージでしょう。世の中で何でも自動的に「AIが学習してくれる」というと、この教師なし学習のイメージが多いと思います。しかし、やはり実際にはそういう話ではなくて、見つけてほしいものをしっかり数学的に指定する必要があるのです。

データの山から情報を「掘り出す」ことから「データマイニング」と呼ぶこともあります。データマイニングは1990年代から使われている言葉で、「マイニング」は採掘を意味する「mining」です。鉱山に金などを掘りにいくイメージで、膨大なデータの中から何か価値のあるものを抽出しようということです。

この教師なし学習は、教師データがない場面、あるいは教師データがあったとしても教えることが難しい場面など、いろいろなところで使われています（図3.9）。

たとえば、X（旧Twitter）のフォロー関係を線で結んでみると、

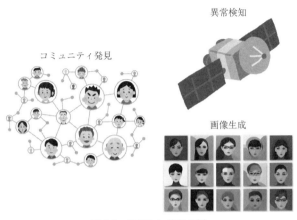

異常検知

コミュニティ発見

画像生成

**図 3.9** 教師なし学習の例

そこからコミュニティが見つかったりします。「グラフ」と言います が（図 3.9）、このようにユーザーとユーザーのつながりを線で結 んでみると、密につながっているところが塊のように現れます。こ の密な塊を「クラスタ」と言い、この辺は文学が好きな人たちが集 まっているとか、この辺は歴史が好きな人が集まっているとか、ま たそのクラスタの中で何が流行っているかを調べたりすると、マー ケティングなどに活用することができます。こういったコミュニ ティをいかに発見するかというのは、IT 企業が非常に力を入れてや っているところです。

　また、人工衛星の異常検知にも活用できます。たとえば気象衛星 は長期にわたり軌道上から地球の気象を観測し、観測データを地上 に送信しています。このように長期間正常に動き続ける機器では、 異常を検知する仕組みが導入されることがあります。その異常検知 には、多くの場合、教師なし学習が使われます。何が異常かを最初 に教えられるのであれば教師付き学習でも学習できますが、実際の

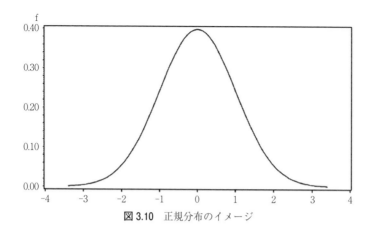
**図 3.10** 正規分布のイメージ

ところ、いつ何が起きるかはわかりません。教師なし学習でデータ
の主要部分を学習して、そこから外れたデータを異常だとみなしま
す。

　最近では、教師なし学習を画像生成に使おうという研究が非常に
盛んに行われています。たとえば、顔画像のデータを大量に集める
と顔画像の確率分布というものがわかります。確率分布とは、簡単
に言うと「値が出てくる確率」をまとめたものです。この確率分布
によって、ある集団の中の要素のばらつきを表現することができる
わけです。いろいろな種類の分布がありますが、なかでも有名かつ
重要なのが正規分布です。正規分布の形は図 3.10 のように平均値
を中心に左右対称のつりがね型になります。

　たとえば顔画像の画素数が 100×100 だとすると、RGB（レッド、
グリーン、ブルー）で 3 次元なので、100×100 × 3 で 3 万次元の
データになります。そうすると、3 万次元の確率分布が考えられま
す。それによって、似たような顔がたくさんあったり、特徴的な顔
があったりするというような分布がわかるわけです。

教師なし学習を使って確率分布を推定することで、今度はその分布から新しくデータをサンプリングすることができます。つまり、生成することができるということです。ある値がたくさん出やすいところ、あるいは出にくいところなど、ある程度ねらって作ることができます。それによって、実在するかのような人間の顔が作れてしまうわけです。図 3.9 の 15 個の顔はデータで作ったもの、いわゆるフェイクです。いろいろな人の顔を学習して確率分布を推定し、そこからこういう画像を作ることができてしまうのです。

　このように、フェイクの画像がいくらでも作れてしまうということで、逆に社会的にいろいろな問題が起きています。こうした技術を動画に使って、フェイクで有名人のポルノを作ったり、あるいは政治的な発言や間違ったことを言わせたりすることが問題になっています。さまざまな画像・動画の生成技術は作られていますが、それが社会にとってよいことなのか、悪い影響を与えるのか、というのは難しいところではあります。

　ここでは画像を例に自動生成の話を紹介しましたが、原理的には音声や言語でも同じことが可能です。新しい声を作ったり、新しい文章を作ったりできるわけです。現在「生成する」という場面で活発な研究開発が行われています。

　特に最近は、大規模な言語モデルの研究が近年飛躍的に発展し、質問に対する回答文などを非常に高い精度で生成できるようになりつつあります。

## 3.5 ｜ 強化学習とは

　最後は強化学習です。実は、これは教師付き学習と教師なし学習とはちょっと違う枠組みのものになります。強化学習と教師付き学

- 教師あり学習と同じく、教師の知識を学びたい
- しかし、教師は答えを教えてくれない
- 代わりに、生徒が予想した答えが正しければ
  報酬をもらえる
- 生徒は、報酬が最大になるように学習する
- 強化学習は赤ちゃんの学習と似ている
- 赤ちゃんは親に褒めてもらえるような行動をとる

図 3.11　強化学習

習は同じものに使えるわけではないのですが、いずれも教師の知識から答えを学ぼうとするものです。

　しかし強化学習の場合は、教師である人間は答えを明示的には教えません。というと、教師なし学習に近い雰囲気になってきますが、答えの代わりに「報酬」を与えるのです（図 3.11）。生徒であるコンピュータが答えを予測したときに、その予測した答えがどれくらい正解に近いかに合わせて報酬をあげるのです。そうすると、生徒であるコンピュータは報酬がたくさんもらえた答えは正しかったのだというように予測し、たくさんの報酬がもらえるように学習を進めていくことになります。

　報酬というとお金稼ぎみたいな話に思えるかもしれませんが、赤ちゃんの学習と同じようなイメージです。たとえば、赤ちゃんが 2 つの積み木をうまく重ねたとすると、親はもう大喜びして「えらいね」と褒めます。すると、赤ちゃんは褒められたということがわかって、褒められた行動をもっと取ろうとするわけです。これは「正の報酬」が与えられたということになります。

　一方、たとえばテーブルの上に置いてあったコップを下に落とし

ゲームAI

https://ieeexplore.ieee.org/
document/7419233

ロボット制御

https://bicr.atr.jp/~xmorimo/PDF/Sugimoto2016RAM.pdf

**図 3.12　強化学習の例**

てガチャンと割ってしまったとすると、たいていは親は赤ちゃんを
叱ると思います。これは「負の報酬」を与えられたということになっ
て、赤ちゃんは怒られるような行動はもう取らないようにしよう
というように学習していきます。感覚として、結果的に報酬が高く
なるように学習していると言えるわけです。つまり、強化学習はこ
ういう感じに、赤ちゃんの学習と同じようなことをコンピュータに
やらせようということなのです。

　この強化学習が、いま非常にブームになっています。典型的な例
は、囲碁のチャンピオンに勝った「AlphaGo」です（図 3.12）。Alpha
Go は強化学習でトレーニングされたものです。なぜ教師付き学習
ではなくて強化学習だったのでしょうか。

　囲碁の場合、盤面が与えられて「次にどこに打つか」を予測する
ことになるわけですが、この答えを人間が教えることはできません。

「たぶん、これがいいだろう」とか「あれがいいだろう」といろいろ予測はできますが、最善手はまだわかりません。そのため、教師付き学習をやりたくてもできないというのが実情なのです。

そこで、いろいろな方法で計算した報酬を使って、過去のデータやAI同士で学習させ、いろいろなパターンを試してよさそうなものを見つけてくるということをやって学習させたものです。その結果、囲碁のプロを超えるものが作れるということなのです。

もちろん、完璧なものが出てきたわけではないと思います。しかし、人間のチャンピオンも、すべての組み合わせの中から本当にこれだというものを見つけているわけではなくて、まあまあ良い手を短時間で見つけるということをしているのだと思います。そういう意味では、人間のチャンピオンもAIも完璧ではないわけですが、AlphaGoは人間をもうはるかに超えるレベルまでいってしまったということになります。

京都にある国際電気通信基礎技術研究所（ATR）が、ヒューマノイドロボットの制御に強化学習を使おうという研究を行っています。私も協力して一緒に進めた研究ですが、ヒューマノイドロボットにバスケットボールのシュートを強化学習で学習させようというものです。

最初、ロボットはまだ何も学習していないので、とりあえず適当にボールを投げるだけです。当然、ボールはポトッと落ちますが、そこから学習できます。この場合、「ボールが届いていない」という負の報酬が得られることになり、今度はもう少しボールが届くようにしようとします。いろいろ動きを変えて少しでも良くなったら、自分の動きをそこに寄せていきます。それを何度か繰り返していくと、徐々にうまくなっていき、最終的に一番報酬が高い状況にたどり着くというわけです。

この学習では「こうやって投げますよ」という具体的な方法は一切教えていません。あくまでもボールがどこに落ちたかを見て、そこから報酬を作って強化学習するというやり方です。強化学習はいろいろなところで使えるので、研究分野としても大きく発展しているところです。

## 3.6 機械学習の原理：「学習する」とは

教師付き学習、教師なし学習、強化学習とあるわけですが、教師付き学習と強化学習は「教師の知識から答えを学ぶ」という意味では同じ方向を向いていると言えます。ある問題に対しての答えを見つける、答えに近づいていくことを目指す、これは言い換えると「答えを導くための関数を求める」ことだと捉えることができます。

教師付き学習の典型的な例の1つ「回帰」をみてみましょう。回帰分析という、要因となる数値（入力）と結果となる数値（出力）の間にある関係（式）を明らかにしようとする統計的手法があるのですが、それを用いて未知の入力に対する出力を出すという学習をさせようということです。

図3.13で見ると、横軸が入力で縦軸が出力です。このとき、「質問」は「$x$ 座標が2である」とか「4である」であり、それに対する「答え」は「$y$ 座標は4である」とか「3.5である」ということです。質問と答えのペアを教えるというのは、この黒丸 $(x, y)$ を与えているということになります。破線が何かというと、入力が来たらそれに対する答えを返すことができる関数です。どのような入力が来ても答えがわかるというのは、入力と出力の間にある関数がわかっているということになります。つまり、何もわかっていない状況の生徒が黒丸（入出力のペア）を集めることで破線（関数）を求

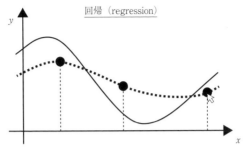

回帰（regression）

**図 3.13** 機械学習の種類（回帰）

めるというのが教師付き学習なのです。

　ところが実際に学習してみると、たいていは実線のようなズレた式を見つけてきます。本来の求めるべき破線と実線は異なるため、すると、何か新しい質問（入力）が来たときに答えもズレてしまうということになりますが、その誤差をなるべく小さくしていけば、将来の予測が当たるようになります。

　先ほども出てきましたが、教師付き学習において、汎化できると「将来、新しいデータが与えられても、その出力が予測できる」ようになります。本節では、なぜ予測ができるのかというところを説明したいと思います。これは魔法や占いではなくて数学の原理に基づいています。

### 学習して分類する：教師付き学習

　例として画像認識の問題を考えます。何らかの画像をもとに最終的に犬か猫かどちらかを出すという「分類」の問題です。さて、犬と猫を分ける分類器を作ろうとしたときには、すでに猫だとわかっている画像、すでに犬だとわかっている画像、それぞれ複数枚が手に入るとして、これらを教師情報として学習させます（図 3.14）。

なぜ教師付き学習で予測が当たるのか？

■ 教師付き学習による
　画像認識：
　・画像を与えて、
　　それが猫か犬かを正しく
　　認識できる分類器を作りたい

https://www.cct-inc.co.jp/media/ai/news/primer/ai-08/

**図 3.14**　分類器の学習と予測（1）

学習が終わった後の分類器に、まだ学習していない新しいテストの画像を入れると、正しく認識できるだろうと期待するわけです。

　ここで少し掘り下げて、この学習をどのようにやっていくかを説明します。

　まず、分類器（たとえばニューラルネットワーク）の中に画像をデータとして入力します（図 3.15）。前述のように、100 画素×100 画素の画像があったとすると、1 つの画素は RGB の 3 色からなるため、1 万画素×3 で 3 万次元のデータになります。これをベクトルで表すと 3 万次元の縦ベクトルです。これを分類器の中に入力するのです。

　このベクトルというのは点ですが、ちょっとわかりにくいので、まず 2 次元で考えてみましょう。$x$ と $y$ という 2 次元のベクトルのうち、たとえば座標（3, 1）とか（7, 5）は 2 次元平面の 1 つの点を表します。3 次元の座標（$x, y, z$）は 3 次元空間の 1 つの点を表します。それとまったく同じことで、3 万次元のベクトルで表される画

- 分類器内では、
  1つの画像は
  1つの点として表現

- 分類器の学習：
  - ラベル（答え）のついた
    訓練画像をたくさん用意
  - 訓練画像を使って、分類境界
    （犬と猫の境目）を学習

- 分類器による予測：
  - 学習していない
    テスト画像を分類する

訓練画像

https://www.cct-inc.co.jp/media/ai/
news/primer/ai-08/

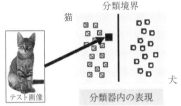

**図 3.15**　分類器の学習と予測（2）

像——つまり、100画素×100画素のカラー画像——は3万次元の
空間の中の1つの点であるというように考えられるわけです。1つ
の画像が1つの点になっているようなイメージです。

　さて、分類器の中では画像が点として表現されていることを押さ
えたうえで、分類器の学習を見ていきます。訓練画像をたくさん用
意しますが、その訓練画像には答えが付いているので、訓練画像に
ついて空間ベクトルの中における座標がわかれば「こちら側は猫」
というように分けることができます。

　ここでの学習というのは、たとえば犬と猫を分ける境目を求める
ということになります。境目とは線のことです。境目になる線を求
めるわけです。2次元平面における直線の方程式は「$y = ax + b$」で、
この傾き「$a$」と切片「$b$」を求めれば1本の線が決まります。つま
り、$a$ と $b$ を決めることが学習なのです。

世間一般では「AIに学習をさせる」と言いますが、これは画像認識の問題では「境目の線、$y=ax+b$の$a$と$b$を決める」ことだと捉えられるわけです。ここではパラメータ（変数）は$a$と$b$の2個ですが、現在のニューラルネットワークでは1億個、1兆個のパラメータがあります。パラメータの数が多くなればそれだけ計算量も大きくなりますが、本質的には同じです。

　実際、$y=ax+b$の$a$と$b$の値を変えると線の位置や傾きがいろいろ変わります。それを一番いいところに持っていきたいわけですが、この「一番いいところ」というのはこの後で説明することにして、いったん線が引けたところまでで学習が完了したとします。

　学習が完了したので、これで学習していないテストデータを分類することができるようになります。たとえば、新たな画像を分類したいというとき、その3万次元空間のどこに位置するのか、境界線のどちら側かがわかれば、「これは猫（犬）だ」と言えるようになるわけです。

　つまり、教師付き学習において「学習する」というのは分類器内の表現として境界線を引くことであり、「予測する」というのは新しく来た点が境界線の左か右かを判定するということなのです。やっていることはそれ以上でもそれ以下でもないというわけです。

　さて、ここから「予測を当てる」という話に入っていくのですが（図3.16）、与えられたデータを分ける、質問と答えのペアを全部覚えるということは簡単です。たとえば、20個ぐらいのデータがあるとします。○と×があり、線を引くことで○と×を分けることができます。このとき、図3.16の（a）のようにしても分けられますし、（b）のような線を引いても分けられます。あるいは（c）のように引いても分けられます。

　少なくともこの例では3種類の異なる境界線が引けるわけです。

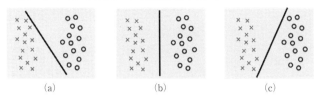

テストデータの予測を当てる

■ 与えられた訓練データを分けるのは簡単：
  • 以下の3つはどれも訓練データを完全に分けられる

      (a)           (b)           (c)

■ まだ学習していないテストデータに対する予測が最も当たるのはどれ？
■ テストデータがどこに現れるかわからないため、単純には解決できなさそう？
■ 統計的学習理論を用いる！

**図 3.16** 「予測を当てる」とは

では、このうち一番汎化できるのはどれか、ということが学習の究極の課題なのです。与えられたデータをだいたい正しく分けられるということは当たり前で、そうではなくて、あくまでも将来の予測を当てたいのです。

　ちょうど21個目の画像が来たとき、その答えがなるべく当たるように境界線を決めたいわけです。これは、普通に考えると不可能な話です。新たなテストデータがどこに現れるかはまったくわからないからです。この3つの線のうちどれがいいかと言われても、3分の1の確率で選ぶしかないということになります。それに対して、何か方法はないかということで「統計的学習理論」が登場します。統計的学習理論については3.7節で紹介します。

### 似ているものを学習する：教師なし学習

　教師がいない学習の場合、実は一般的なレシピはありません。教師なし学習がやっているのは、何が答えか判断することではなく、データを塊に分けるクラスタリングです。たとえば、クラスの中に

図 3.17 クラスタリング（左）と異常検知（右）

30 人ぐらいがいて、ここは文系のグループで、ここは理系のグループ、ここは芸術系のグループというようなことがわかったりするというのが、教師なし学習がやっていることなのです。

　そのときに何を基準に分けるのか、何を見てほしいかというのは、事前に人間が決めてあげる必要があります。その基準に従ってデータを分けるのですが、なぜこう分かれるのかという答えがあるわけではありません。教師なし学習で自動的に何か正しい分け方が出てくるわけではないのですが、グループ分けされたものを人間が見ても、自然だなという感じのものを出そうとします。

　予測性能を保証するものでもないので、使い方としては、3.4 節で述べたマーケティングのようになります。クラスタリング（図 3.17 左）のデータが 2 次元平面上にあって、あるいは異常検知（図 3.17 右）では、データを俯瞰して、何となく近くに固まっているものは正しいとしておいて、そこから外れているものを異常だろうとするわけです。「とりあえず似ていないものを見つける」ことをするだけで、本当に異常かどうかはわからないということになります。

　ここでみたのはいわゆるクラスタリングと異常検知の例で、与えられた問題に応じて用いる分析手法がそれぞれ異なります。

## 3.7 なぜ教師付き学習で予測が当たるのか？

　教師付き学習の予測の正解確率を少しでも上げるための数学的な理論研究は、もう50年以上にわたって研究されています。そのおかげで今はいい感じで予測ができるようになってきており、最近はついに人間を超えるような予測ができるようになってきたというところです。

　これまで多くの研究者がこの研究をしてきました。その中でも特に有名なのが、ロシアの数学者であるウラジミール・ヴァプニク（Vladimir Vapnik）です。ヴァプニクは1971年には、すでにこの問題を解決する理論を本にしています。論文そのものはおそらく1960年代に出ていたと思います。ただ、当時は東西冷戦の時代で、東側で何が行われているか全然情報が入ってこなかったのです。ソビエト連邦崩壊期の1990年、ヴァプニクはアメリカで働くことになります。そのとき、実はもう20年も前にこの理論が出来上がっていたということがわかり、西側の研究者は大きな衝撃を受けます。

### ヴァプニクのサポートベクトルマシン

　基本的に、ヴァプニクの理論は予測誤差を考えようというアプローチです。何かデータが来たときに、それが犬か猫かを予測するという場合で考えてみます。ランダムでやろうとすると50%です。その誤差をなるべく小さくしたいわけです。当然、この予測誤差がどれくらいかはわかりません。将来、どういうデータがどこから来るかわからないので。ですが、予測誤差の「上界（大なりイコールの不等式の右側）」というものが出せるのです。上界を出せるというのはちょっと含みのある表現で、確率的な上界にするということで

統計的学習理論（Vapnik & Chervonenkis, 1971）

- ■ テストデータに対する
  予測誤差はわからないが、
  確率的上界は求められる：

*ウラジミール・ヴァプニク*
https://mlatcl.github.io/deepnn/
lectures/01-01-introduction.html

確率 $1 - \delta$ 以上で

$$予測誤差 \leqq \sqrt{\frac{1}{n}\left(V\left(\log\frac{2n}{V}+1\right)+\log\frac{4}{\delta}\right)}$$

$n$：手元にあるデータの数

$V$：VC次元（分類器の複雑さを表す尺度）

**図3.18　予測誤差の不等式**

す。

　まず、「$\delta$（デルタ）」という変数を立てて、確率「$1-\delta$」以上の予測誤差を考えます。$\delta$ は 0.01 といった非常に小さい数のイメージです。たとえば $\delta = 0.01$ だとすると、$1 - 0.01 = 0.99$ となり、確率99％以上で、図3.18のような不等式が成り立ちます。左辺の予測誤差はまったくわからないわけですが、少なくとも右辺以下であることは99％の確率で保証できるということが言えるのです。

　$\delta$ をどんどんゼロに近づけていくと確率は 1 に近づいていくので、この不等式はほぼ常に成り立つということになります。しかし、右辺の分母にも $\delta$ が含まれているので、$\delta$ がゼロに近づいていくと log の項はどんどん大きくなり、右辺もどんどん大きくなってしまいます。この不等式が成り立つ確率を高めていくと、予測誤差の上

界が非常に大きくなって、あまり意味のない数字になってしまうのです。一方、$\delta$ を 1 に近づけていくと確率はどんどん下がっていきますが、上界は小さくなっていき、真の予測誤差に近づいていくということになります。つまり、$\delta$ で上界の良さとそれが成り立つ確率のバランスがコントロールされているわけです。

「確率的な不等式」と呼びますが、ヴァプニクはこういうものが出せるということを示したのです。これは最終的にきれいな式になっていますが、『広辞苑』みたいな分厚い本を 1 冊読まないと、導き出すことができません。

実は、この式のポイントは $n$ や $V$ です。$n$ はデータの数です。たとえば、学習用のデータとして猫と犬の画像が 6 枚あるという場合、$n$ は 6 になります。$V$ は「VC 次元」と呼ばれる数学的な量を表します。VC 次元とは学習する分類器の複雑さを表す尺度で、ヴァプニクとアレクセイ・チェルヴォネンキス（Alexey Chervonenkis）によって提唱され、2 人の名前を冠して VC 次元と呼ばれます。チェルヴォネンキスもロシアの数学者です。何をもって分類器の複雑さとするかを言葉だけで説明するのは難しいのですが、パラメータが多ければ複雑になっていき、少なければ複雑さが下がっていくことだと考えてください。要は、分類器の複雑さは計算できるものだとしたところ、「わからない予測誤差の上界は出せる」ということを示したのが 1 つ大きな発見だったのです。

とはいえ、わからない予測誤差の上界がどうして求められるのかというのが大きな疑問になるわけですが、確率には、このように魔法みたいに成り立つ不等式がたくさんあります。統計データを解析するときに平均値と分散を使って、たとえば「平均値が 0 で分散が 1 だとすると正規分布でこうなる」というように確率分布を出します。平均値が 0 で分散 1 の確率分布というのは無限に存在するわけ

ですが、平均 0 と分散 1 の場合にあるデータが 1 を取る、あるいは 1 以上の値を取る確率は少なくともこれ以下だと範囲を狭めることができます。そういった不等式にはいろいろなものがあります。

　機械学習の問題でも同じように、「そもそも確率は 1 を超えない」とか、「確率密度は積分すると 1 にならない」というような当たり前に成り立つ制約がたくさんあります。そういったものを駆使していくと、これ以上これ以下にはなりえないことを証明できるということになります。こういった確率の性質をうまく使いこなすことによって、まったくわからないはずだった予測誤差の確率的な上界が出せ、それを小さくするように学習していこうという方針が考えられました。

## マージンと VC 次元の上界

　もう一歩踏み込んで、この式を考えてみます。いま、データの数が 6 と決まっているので $n$ は固定されています。$\delta$ は、実はあまり気にしなくてよい変数です。$\delta$ を小さくすると確率は上がるけれども右辺が大きくなる、$\delta$ を 1 に近づけると確率は下がるけれども右辺が小さくなるという関係は常に成り立つので、$\delta$ は無視してかまわないというわけです。

　すると、あとは $V$ しか残っていません。$V$ が何かというのは結局わからないままですが、とりあえず $\delta$ を除いて $V$ を横軸にとると図 3.19 上のような関数になります。こうしてみると、$V$ がある程度小さい値を取る場合は、$V$ が増えると右辺も大きくなるという単純な関数になっています。

　予測誤差を小さくしたいのですが、自由に選べるのは実は $V$ だけなので、この関数から $V$ を小さくすればいいということがわかります。予測誤差はわからないけれど、$V$ を小さくすれば予測誤差の上

確率 $1-\delta$ 以上で

$$予測誤差 \leqq \sqrt{\frac{1}{n}\left(V\left(\log\frac{2n}{V}+1\right)+\log\frac{4}{\delta}\right)}$$

$V$：VC次元（分類器の複雑さを表す尺度）

- 予測誤差の上界はVC次元を小さくすれば減少
- マージンが大きい方がVC次元の上界が小さい

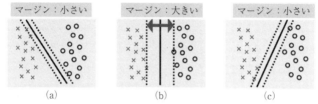

マージン：小さい　　　マージン：大きい　　　マージン：小さい

(a)　　　　　　　(b)　　　　　　　(c)

- この手法はサポートベクトルマシンと呼ばれる

**図 3.19**　サポートベクトルマシン

界を小さくできるということがわかるわけです。

　この理論は単にこれだけの話なのですが、これが非常に大きなブレイクスルーとなりました。まったくわからないはずの予測誤差の確率的上界を小さくすることができるので、統計的学習理論の1つの結論として「$V$を小さくする学習法がいい」と示されたのです。

　もう1つ、明らかにされたのが「マージン」という量と VC 次元の上界との関係です。マージンとは、○と×を分ける線を引いたときの、データ群との隙間の幅のことを指します。

　図 3.19 の(a)は、隙間がわずかしかないのでマージンは小さいです。(b)は、ここまで余裕があってマージンは大きいというように捉えます。(c)もマージンが小さいです。このマージンと VC 次元の関係としては、マージンが大きくなると VC 次元の上界が小さく

なるということが言えます。そのためマージンを大きくするように学習をさせれば、VC 次元の上界が小さくなって、ひいては予測誤差の確率的な上界も小さくなるということになります。

　これが 1990 年代に登場して大ブームとなった「サポートベクトルマシン」というアルゴリズムの考え方です（図 3.19）。VC 次元に基づいてサポートベクトルマシンを学習させると、実際に予測が当たるようになりました。実用的にはそれでうまくいくと示されたわけで、ヴァプニクのこの理論は古典として、現在もいろいろな改良がされています。実際、この不等式が示す上界の値は非常に大きいことが多く、本当の予測誤差は 0.3 なのに、右辺が何十という大きな値をとることがあります。それでも傾向を捉えることはできるのですが、なるべく予測誤差のギリギリのところで評価したい、より小さい値で評価したいと、その後もずっと研究が続けられています。

　こういう式が書けるのだということ、こういった見方で機械学習を議論するのが重要なのだということを世に知らしめたヴァプニク功績は大きなものだと言えます。

———コラム：ニューラルネットワークの性能も VC 次元で測れる？

　ヴァプニクのこの古典となっている理論は非常に汎用的で、いわゆるニューラルネットワークも特別なケースとしてそこに含めることができるとされています。$V$ さえわかれば常に成り立つということで、成り立っていると言えるのですが、しかし、本当にニューラルネットワークの性能をこれで評価するのがよいかどうかという点ではまだ議論が残る部分です。あまり適切ではないと思われているようなところもあります。実際、ニューラルネットワークについては新たな理論を作ろうという研究が活発に行われています。

　ただ、形式的にはこの理論でサポートベクトルマシンの $V$ はいくつ、ニューラルネットワークの $V$ はいくつ、ではどちらがよいといったことは言えます（まだその先に少し続きがあるのですが、

ベースとしてはこれで言えることになっています）。つまり、この式には $n$ と $V$ と $\delta$ （デルタ）しかないわけですが、$\delta$ はあまり意味のない数字で、$n$ はデータ数、$V$ だけがコントロール可能な値です。となると、逆に $n$ を多くすればいいということがこの式からわかります（ビッグデータはやはり有用だということがわかるわけですね）。一方で、データ数が決まっているとすると $V$ しか変えられません。そこで、$V$ を変えられるならなるべく小さくしてくださいということが、指導原理として言えるのです。

## 3.8 | 直線で分離できない問題への対応

ここまでの話として、「直線で分けるという問題を考えたとき、マージンを最大にすることで予測誤差を小さくすることができる」ということになったのですが、たとえば、直線で分離できない場合はどうすればよいでしょうか。先ほどは×を左に、○を右にした図を示して、ただ単に線を引けば分けられますと説明しましたが、もっと混ざっているというのが普通だと思います。そういった場合には、どう線を引いても直線では分離できないわけです。たとえば、$ax^2 + bx + c$ みたいな形で2次関数にする、あるいは3次関数にする、4次関数にするというように、どんどん複雑にすることによって対応しようというアプローチは昔から研究されています。

この非線形の場合への対応として、2つの方法があります。1つは1990年代後半ぐらいから出てきた、カーネル法という考え方です。もう1つの方法であるディープラーニングが爆発的ブームになる前はカーネル法が主流で、いろいろなIT企業がこのカーネル法をビジネスに使っていました。

**カーネル法**

　元の入力の空間でのデータ分布が複雑で直線ではきれいに分ける
ことができない場合に、複雑な関数を持ってきて境界を分けようと
いうアプローチ、これがすんなりうまくいけばなんの問題もないの
ですが、実際にやってみるとなかなかうまくいきません。複雑な関
数で境界を分けてマージンを大きくするように学習すれば、先ほど
の VC 次元の理論が使えるので一応うまくいくということは保証で
きるわけですが、やはり、どれぐらい複雑な関数を持ってくるかと
いうところがなかなか難しい問題になってくるのです。

　そこで登場したのがカーネル関数を使う方法です。この方法では、
元のデータを高次元の空間に写像します。そうすると、高次元の空
間（特徴空間と言います）では直線の一般化である平面とか超平面
で分けることができるので、うまく分離できるということなのです。
高次元の特徴空間の中では古典的な線形の理論が全部使えるので、
従来の手法で線形分離ができます。すると、非常に簡便に計算がで
きるわけです。計算したあとに、逆に変換して元に戻すと、元の空
間で見ると複雑な非線形で分離ができているということになります。

　図 3.3 の例では、元は 2 次元の点だったものを 3 次元の空間に写
像しています。これは $(x, y)$ の点を、$(x^2, xy, y^2)$ という 3 次元の
点にするというようなイメージです。このように、次元はシステマ
ティックにいくらでも増やすことができます。そうすると、いつか
直線で分けられるようになるのです。

　2 次元の場合は直線ですが、3 次元の場合は平面、4 次元の場合は
超平面という言い方をします。次元を上げてこういった形で分けれ
ば、先ほどの VC 理論の直線版がそのまま使えることになります。
元のプログラムをほとんど変えずに、ほんの一部を変えるだけでで
きてしまうわけです。図 3.3 の右側では平面ですが、これを左側に

戻すと複雑な非線形で分けたことになります。

　そもそも線形モデルでの学習は、犬と猫といった異なるクラスのデータを分離するために、あるところからスタートして谷を探していくと見つかった谷が必ず答えになっているというイメージです。そして、その答えの予測性能を保証できるというのがヴァプニクの理論であったわけです。ところが、2次関数の $y = ax^2 + bx + c$ では谷が1つになるとは限らないため、一番深い谷を簡単に求められなくなります。つまり、これが学習のしにくさということになります。それに対して、カーネル関数で変換し、超平面でデータを分離する形に持っていくとシンプルに谷を1つの形で表すことができます。すると、簡単に答えを求めることができるわけです。

　ニューラルネットでいえば、ただ単に直線で分けるというのは1層しかないニューラルネットです。その1層がこの直線の位置や傾きを決めていることで、これは明確に特殊ケースになっています。一方、カーネル法は実は2層のニューラルネットです。2層ではあるのですが、1層目ではカーネル関数の変換をするだけで学習せず、学習するのは2層目だけです。形式的には2層のニューラルネットワークになっているけれど、学習するのは2層目だけなので、学習そのものは1層のニューラルネットワークと同じ理論でできるということなのです。

　機械学習の歴史を少し振り返ると、昔はまだ計算の仕方がそれほど発展していなかったので、2層以上のモデルを使うのはよくないと言われていました。1980年代の失敗としては、「多層のモデルでは学習してもうまくいかないのでやめましょう、1層でないと学習できないのだから1層にこだわりましょう」としたことです。

　ここで見てきたように、1層では直線でしか分けられないわけですから、とても使いものになりません。そこで出てきたのがこのカ

ーネル法なのです。2層ですが、そのうち1層でしか学習はしません。しかし、2層にすることによって任意の非線形のモデルを学習できるという、いいとこ取りができたのがカーネル法でした。カーネル関数で変換した先で学習し、その結果を元の空間に戻してあげることで複雑な関数を解くモデルを作ることができるわけで、モデルの学習が容易だということで大きく発展しました。

VC理論に基づいて作っているというところが1つの理由だと思いますが、高次元のデータの実用でもうまくいきます。このカーネル法は、2000年代から2010年ぐらいまでは非常によく使われていました。ただ、2010年代初頭くらいに主流から外れていきます。その理由の1つが、大規模なデータに対して計算時間がかかるという点です。これはちょっと面白いところなのですが、ただ単に谷を求めるだけなので一見簡単なようですが、データが増えると計算が大変になってしまうのです。この問題に対して、ディープラーニングが大きな成果を出すことになります。

## ディープラーニング

カーネル法は2層のニューラルネットワークで、中間層を1つだけ持つモデルで、何か非線形の変換を行う関数を1層目で固定しておいて、そのもとで2層目だけを学習するということをしています。結果的には、線形モデルの学習と同じなのです。そのため、計算が簡単にできるということだったのですが、ちょうど2010年代ぐらいから、機械学習に用いられるデータの数がどんどん増えていきます。カーネル法が流行っていた頃はおそらく1000点とか1万点ぐらいのデータで学習しているレベルでした。カーネル法はその頃、数千点ぐらいのデータですごい性能が出せるということで注目されていたわけです。

■ 非線形変換を何度も繰り返し、徐々に複雑な関数を表現していく

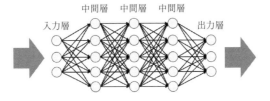

■ 現在の主流：
- モデルの学習は難しいが、徐々に改善
- 高次元データに対してうまくいく
- 大規模データに対して高速学習可能

**図 3.20** ディープラーニング

ところが、音声や動画、画像など、それこそ 100 万点とか 1 億点とかのデータが取れるようになってくると、カーネル法ではその大量のデータをまともに学習できないという状況になってしまいます。カーネル関数で変換するという部分がボトルネックになってしまい、計算が追いつかなかったのです。そこで、いかに近似値的に速く学習するかといった研究が盛んにされるようになったのですが、なかなかうまくいく方法が見つかりませんでした。そんなときに、1980〜90 年代に流行った多層ニューラルネットワークが、ディープラーニングという名前で戻ってきました。ディープラーニングでは多くの中間層を持つモデルを用い、さらにその全部の層を同時に学習します（図 3.20）。

　前述のように、直線のモデルは入力層から直接出力層にいく 1 層のモデルです。サポートベクトルマシンは中間層が 1 つあって出力にいくモデルになっていますが、入力層から中間層の間はカーネル関数に対応して非線形の変換を行います。我々が事前に決めてしま

って固定しているわけです。そして、中間層から出力層への間だけを学習をします。この見方でディープラーニングを解釈すると、結局、この変換を何度も繰り返していこうということなのです。

ただし、モデルを多層にすると谷が無数にある最適化問題を解かなければならなくなり、少し前までは一番深い谷を見つけるのは非常に難しいと考えられていました。しかし、うまく学習することによって、一番深い谷を本当に見つけられるようになったというのが、今のディープラーニングのアルゴリズムの大きな特徴です。理論としても、高次元のデータに対して本当に性能が出るということがわかってきたわけです。学習できるだけではなくて、やはり変換を何度か繰り返すことによって本当に予測性能が上がるということがわかったのです。

技術的に何をやっているかというと、データが非常に多いときに全部のデータを使うのではなくて、データの一部を使って学習するということを繰り返します。たとえば、100万点のデータがあったとすると、100万個のデータを同時に学習するというのは非常に大変です。そこで、それをランダムに100個ずつに分けて少しずつ学習します。それを1万回繰り返すと全部のデータを学習したことになるわけです。そして、この一連の学習をさらに何度も繰り返します。これを「確率的勾配法」と呼びます。1回1回の学習は100個しかデータを使わないので非常に速く学習できる反面、膨大な回数分、それを繰り返す必要があります。

前述のように、モデルそのものは1980年代のニューラルネットワークのブームのときに出てきたものです。当時も、こういうモデルを使って学習するとうまくいくというような報告はいろいろされていましたが、全然うまくいかない場合もあり、安定して学習ができるという保証がなかったのです。そうこうしているうちに第二次

AIブームが去ってしまったという状況でした。近年のさまざまな学習技術の向上によって、それがうまくいくことが保証できるようになってきたということになります。

　一般的に、データが$n$個あるとき100個ずつ選んで学習するというやり方だと100個の計算を繰り返すぐらいでできるので、非常に速く学習できます。しかし、カーネル法ではデータ数$n$に対して$n \times n$の行列を使うことになります。そうすると、$n$が1000の場合は$1000 \times 1000 = 100$万ぐらいですむのが、$n = 1000000$とかになると$1000000 \times 1000000$なので、もう計算機では扱えなくなってしまうのです。

　カーネル法は原理的に大きなデータに適用できないという致命的な弱点があったわけですが、2010年以前はそもそもデータが数千点ぐらいだったので問題にならなかったのです。カーネル法は、いまでも小さい問題ではよく使われていますが、大きい問題に対してはディープラーニングの確率的勾配法が使われるようになっています。

　実はこの確率的勾配法は新しい話ではなく、1950年代ぐらいから知られている方法です。つまり、昔からあった技術に改良を加えて、しかも性能の高い計算機をうまく使うことができるようになって、やっと実用につながったということなのです。多くの研究者は、こんなことができればうまくいくだろうけど、いまの段階では無理だろうと思っていたのだと思います。もちろんムーアの法則で少しずつ計算機の性能が上がっているわけですが、こうした学習には桁違いに大きい計算機が必要なので無理だろうと思われていたところに、GPU（Graphics Processing Unit）というグラフィックスの描画の計算に特化した特殊なプロセッサを計算に使うというアプローチが登場します。それにより、信じられないくらい速く確率的勾配法の計算ができるようになりました。

GPU を深層モデルの学習に用いる技術の普及に加え、さらには複数の層を学習することによって高次元のデータに対して性能が向上するということが理論的に証明され、ディープラーニングは大規模なデータに対して高速かつ高性能に学習できるアルゴリズムとして大きく花開きました。そういう意味で、いまの時代に合ったモデルだと言えます。ある意味、この 10 年ですべての問題が一挙に解決され実用化されたというわけで、非常にドラマチックな展開が起こったのです。

　いまやディープラーニングは、Amazon や Google、Microsoft といった世界的な大企業がクラウドサービスとして公開していますし、国内外で、ディープラーニング専用の GPU マシンがあちこちに作られるようになって、大規模な実験が、わりと簡単にできるようになっています。そのおかげで、ディープラーニングが実用になってきているわけです。そうして、たくさんのデータを使って実用的に人間を超える性能を出せるようになったのです。

# 4 高度化する教師付き学習

/////////////////////////////

## 4.1 | 誤りを含む教師情報への対応

　第3章では、教師付き学習に関して古典的な理論から非線形問題を攻略したディープラーニングの登場まで見てきました。ディープラーニングという実用レベルの学習モデルによって一気に普及してきた教師付き学習ですが、技術的なブレイクスルーは他にもいくつか存在します。本章では、教師付き学習における最近の発展を見ていきます。

　これまで、データには正しく「犬」とか「猫」というラベルが付いている状況を考えてきました。現在ではそれを超えて、ラベルの付け間違いがあるなどデータの雑音に対してはどう対応すればよいのか、さらにはラベル付きの訓練データが少ない場合にどうすればよいか、こうした大きな課題に対し、いろいろと新しい研究がされています。

### ラベル雑音のある分類問題

　まず、ラベルデータに雑音が含まれている場合の対応として、どのような研究が行われているかを見ていきましょう。これまでの例では、図3.14のように正しくラベルが付いたうえで学習すると、なんとなくきれいに分かれるというような状況を考えてきました。これは、たとえば「犬」「猫」「鳥」というラベルを、人間が正しく

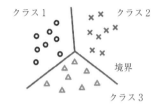

■ラベル雑音がある場合、通常の学習法ではうまく学習できない

**図 4.1** ラベルデータに雑音が含まれている場合の分類

付けるという前提があっての話です。もちろんそれでも実際には、きれいに分かれないケースもありますが、そういった場合にもディープラーニングで複数の層を重ねて学習すればきれいに分けることができるようになるはずです。

しかし、そもそも人間が与えた情報そのものが間違っているというケースも十分にありえます。入力間違いや勘違いで、本当は犬なのに「猫」とデータを打ち込んでしまっていたり、あるいはセンサーなどで自動的にラベル付けをする際に、センサーの誤差で本来全部「青の○」だったはずが、「赤の×」になってしまったりすることがあります。

これは昔から認知されていた問題ですが、ラベルに雑音があったとしてもデータがたくさんあれば何とかなるだろう、ビッグデータがあれば大丈夫だろう、と漠然と考えられていました。回帰（図3.13）では問題ないのですが、分類（図 4.1）の場合は、実はそれでは駄目なのです。ちょっと不思議な話ではあるのですが、ただ単に大量に（無限に近いくらい）のデータを持ってきたとしても、それらがラベルに雑音のあるデータであれば、それらを正しくは学習

できないのです。

## ラベル雑音に対する従来のアプローチ

この問題に対処するための古典的な手法に、「外れ値除去」というものがあります。データを集めてきたときに、たとえば点がこの辺に集まっているはずなのにポツポツと外れがいくつかあったとすると、その外れた点はもう異常だとみなして事前に取り除いてしまうという方法です。

最初にデータの中から雑音を除いてしまって、正しいものだけを学習に使うことでうまくいくというわけです。これができれば理想的ではあります。しかし、何が正しいのかもわからない状況で果たして異常値がチェックできるでしょうか。そもそもの分類よりも難しい問題です。たまたまうまくいくことはあっても、信頼性を持って実現することは非常に困難です。そこで、もう少し賢いやり方として「ロバスト損失」や「正則化」といったアプローチが、ずっと使われています（図4.2）。

ロバスト損失の話をする前に「最小二乗法」から説明しましょう。

図3.13で示した回帰の問題では、誤差の二乗和を最小にするように学習する最小二乗法がよく用いられます。しかし、最小二乗法では、たとえば誤差が「2」のときは2乗すると「4」、誤差が「3」のときは2乗すると「9」というように、誤差が2乗で効いてきて、大きな誤差の影響をより受けやすくなります。これはあまりうれしいことではありません。そうならないように、誤差の影響をもう少しマイルドにしようというのが、ロバスト損失の考え方です。

もちろん誤差を2乗することに意味があってやっているので、2乗しなければいいと簡単には言えません。そこで、それをうまくコントロールしようと、1960年頃からロバスト統計学が研究され始

■教師なし外れ値除去：　■ロバスト損失：　　　■正則化
　・そもそも分類よりも　　　・実用的だが、ロバスト
　　難しい　　　　　　　　　　性はそれほど高くない

 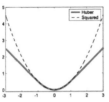 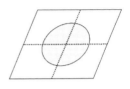

図 4.2　ラベル雑音に対する従来のアプローチ
　　　　新しいアプローチが必要！

めました。このテクニックが機械学習でも使われています。

　また、正則化という方法も使われます。これは、分ける境界の線をより滑らかにしようということです。雑音が乗ったデータから学習すると、その線がどうしてもギザギザになってしまいます。異常なものを全部きれいに分けようとするので、境界の線も非常に複雑なものになってしまうのです。「分ける線は滑らかにする」というような制約をつけて学習を行うことによって、あまりノイズの影響を受けない答えを出そうとするのです。

　ロバスト損失も正則化も一定の雑音に対して一定の抑制効果があり、導入するとうまく学習できるようになります。いまでもほぼすべての学習アルゴリズムで使われている技術です。

　ただ、本当にラベル雑音がたくさんある場合、たとえば 100 個のデータのうち半分近くが雑音だという状況になるとうまくいきません。あまりにも雑音が乗ったデータが多すぎると学習全体が破綻してしまうのです。

　したがって、こういった既存のパラダイムの限界を超えるような新しいアプローチが求められているというわけなのです。次項から、

新たなアプローチについて見ていきましょう。

## 雑音遷移補正

　ラベル雑音に対しては、いまもロバスト損失と正則化が使われています。そのため、もう解決したと思われている問題なのですが、実はもっと良くできることが最近わかってきました。

　先ほど最小二乗法の話をしましたが、これは回帰分析で用いる手法です。機械学習において、入力 $x$ に対して出力 $y$ がカテゴリ値をとるときは「分類問題」、入力 $x$ に対して出力 $y$ が実数値をとるときは「回帰問題」と呼ばれます。

　最小二乗法の欠点として「誤差の2乗で影響を受けてしまう」と述べましたが、実は回帰の場合は雑音があってもデータを大量に増やせばなんとかなります。回帰では「足し算で雑音が乗る」ことを仮定として置くため、データがたくさんあれば、プラスマイナスにばらついたデータの真ん中を答えとすることによって、うまく学習できます。

　しかし、ここで議論しているのは、教師付き学習での分類の問題です。上記の感覚で、分類問題においても雑音が乗っていてもたくさんデータがあれば大丈夫だと感じてしまうかもしれませんが、実はそうではありません。クラス1から3、4から2のようにラベルが反転する雑音が乗りますので、回帰のように「真ん中」を答えにすることができません。

　このとき、雑音遷移行列というものを考えます。たとえばクラス1、クラス2、クラス3と3つのクラスがあるときは3×3の行列です（図4.3上参照）。

　1行目はクラス1のラベルが出る確率です。「1、0、0」（100%の確率でクラス1、0%の確率でクラス2、0%の確率でクラス3）と

■雑音遷移行列：ラベルが変わる確率
■補正法：
・分類器補正：雑音遷移行列で分類器に雑音を付加
・損失補正：雑音遷移行列の逆で損失の雑音を除去
■雑音遷移行列がわからない場合はどうするか？
・雑音のないデータがある場合はそれを活用
・雑音のあるデータだけから推定する方法が開発されている
・雑音遷移行列が入力に依存する場合にも原理的には対応可能だが、推定は非常に難しい
・雑音遷移行列の推定と分類器の学習を同時に行うとよい

| 1 | 0 | 0 |
|---|---|---|
| 0.1 | 0.8 | 0.1 |
| 0.5 | 0.5 | 0 |

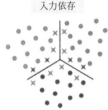

入力非依存　　　　　入力依存

**図 4.3**　雑音遷移補正

なっているので、クラス 1 が正しく出てくるということを表しています。2 行目はクラス 2 が出る確率で「0.1、0.8、0.1」なので、クラス 2 のラベルが正しく出てくる確率は 80％です。また、クラス 1 に変わってしまう確率が 10％、クラス 3 に変わってしまう確率が 10％です。3 行目のクラス 3 の出る確率は「0.5、0.5、0」なので、クラス 3 のラベルが出る確率 0％ということで必ず間違ってしまうということになります。そして、50％の確率でクラス 1 に、50％の確率でクラス 2 に変わってしまうということです。このように、雑音遷移行列はラベルの変わる確率を表しています。すでに理論も良いものが出ていて、雑音遷移行列がわかれば雑音の補正ができることが証明されています。

　雑音遷移行列は、もとのラベルにこの数を掛けてあげると雑音が加わるという行列です。つまり、実際の分類器の出力にこの雑音遷移行列を掛けると、雑音を加えた値が予測できるようになるのです。たとえば、いま持っている訓練データに雑音が乗っている場合、雑

音が乗った訓練データに雑音が乗った分類器の出力をフィットして学習させると、ちょうど打ち消し合ってうまくいくわけです。

もう1つは、雑音遷移行列は雑音を乗せるプロセスを表しているのだから、その逆行列を掛けることで雑音を取り除くという方法です。雑音遷移行列の逆行列で実際に学習するときの損失を補正すると、あたかも雑音がなかったときの誤差を評価したようにみなすことができ、正しく学習できるということが示されています。2017年に、このような雑音遷移行列を使った方法が提案されました。

これで一件落着としたいところなのですが、実際には、雑音遷移行列がわからないという問題があります。手元にあるのは雑音が乗ったデータだけなので、そのデータから雑音遷移行列を推定しなければいけないということになります。これが実は非常に難しい問題で、そもそも推定できないものだということが理論的に示されてしまいました。

簡単に説明しますが、ここは飛ばして読んでいただいてもかまいません。雑音遷移行列を $T$ という行列で書くことにします。$T$ をデータから推定しようとするわけですが、この $T$ は2つの雑音遷移行列 $U$ と $V$ の掛け算に分解することが可能で、かつ $U$ と $V$ は任意に決めることができます。たとえば、$T$ がスカラー（$1 \times 1$ の行列）で「4」だとします。このとき、「4」を分解するのに $1 \times 4$ でもいいし、$2 \times 2$ でもいいし、$4 \times 1$ でもかまわないということになります。このように、推定したい量が任意に分解できてしまい、それが悪さをするということなのです。

そもそも数学的に解けないのですから、どうしようもありません。いったんは、研究テーマとしてはもう先が見えないという状況になりました。ところがその後、実は解ける場合があるということが徐々にわかってきました。これがまさに、最近の研究の発展です。

$T$ の非識別性
■真の $T$ はすべての訓練データを含む三角形として可視化できる
■一般にこのような三角形は一意ではない
■アンカー点は真の三角形の頂点
　•アンカー点を明示的に使用すると簡単に $T$ が推定できる
■どれかわからないが、アンカー点が訓練データ中に存在すると仮定
　•それらを訓練データを使って見つける

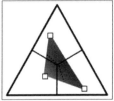

**図4.4**　アンカー点があれば $T$ を推定できる

これは、「アンカー点」の存在が関係しています。アンカー点という雑音がないデータが手元に与えられていれば、それを使って初歩的な計算で推定できます。つまり雑音がないデータがいくつか与えられていれば、そこから先の $T$ という行列を推定できるので、うまく学習できるということが古典的な結果としてわかっています。

それが、このアンカー点が明示的に与えられていなくても「あなたが持っている雑音のあるデータの中のどこかにアンカー点が入っていますよ」ということさえ教えてもらえれば、そこから何とかアンカー点を見つけ出して学習できるということがわかってきたのです（図4.4）。ただ、性能の向上には大きな問題が残っています。

これまでの古典的な解き方を振り返ると、「$T$ がわかれば正しく学習できる」というのが2017年の結果でした。そして、「$T$ がわからないので、まずは $T$ を推定する」「推定した $T$ を使って、分類器を補正して学習する」という2段階でやれることはわかっています。

一般的に考えると、「わからないものがあるので、わからないも

のを推定する。その推定した値を使って、補正して学習しましょう」となると思います。しかし実は、このような考え方はあまりよくないと言われています。その含みとしては、1段階目で $T$ を推定するときに、その推定される $T$ が2段階目でどのように使われるかを考慮していないということです。完璧に推定することは不可能なので、$T$ を推定するときに必ず誤差が出ます。これ自体はちょっとの誤差だったはずが、2段階目で $T$ を使うとき、場合によってはその誤差が拡大してしまうということが起こりえます。

$T$ を推定するときに「2段階目でそれがどのように使われるのか」まで式の中に含めることができれば、もっと性能を上げることができると考えられます。理想的にはステップを2つに分けず、$T$ と分類器を同時に学習する形が一番よいはずです。

しかし、何らかの学習の基準を用意して、$T$ と分類器の両方を同時に学習すると、先ほど述べたように解が一意には決まりません。解は無限に存在してしまいます。そのため、何らかの制約をうまく入れないと解けないということになるのです。

その制約として何がふさわしいか。それを我々の研究グループで2021年に示すことができました。雑音遷移補正をかけると、ラベルは雑音が乗ったものに変わるのですが、「雑音が乗っていないもの2つ」と「雑音が乗ったもの2つ」を比べると、雑音が乗った2つのほうが距離が近くなるのです。もともと雑音が乗っていない2つの確率のベクトルがあるとき、それぞれに雑音を乗せると距離としては近づいてしまうということです。それなりに離れているはずが、区別しにくくなるのです。これは、2枚の異なる画像があったとき、ぼかすと2枚の画像が似たものに見えてしまう、というのと同じようなイメージです。

雑音を取り除くときにはなるべく離れるようにしたほうがよいの

で、学習するときにその制約を入れるのです。ただ単に誤差を小さくするだけではなくて、お互いが離れるようにするような制約を入れることで、ある条件のもとで正しく答えを求めることができます。無限に答えがある中で正しいものを特定できる、ということが理論的に証明できるわけです。これによって、分類器と雑音遷移行列を、同時に推定するという方法が可能になります。

　雑音の遷移行列があれば解けること、そしてその方法が2017年に提案されたことが大きなブレイクスルーになったと私は考えています。しかし、このままでは使えないということで、いくつかのグループがこの問題に積極的に取り組んでいます。我々としても、これまで2ステップでやっていたものを1ステップで、しかも理論的に保証できる形で正しく解けるようになったと示すことができたのは、得られた1つの大きな成果でした。

　図4.4で示す白い○が、雑音が乗ったデータのイメージです。その白い○を含む三角形を求めることが、雑音遷移行列を求めることになります。そして、このときアンカー点があるということは、三角形の頂点が決まっているということです（そのため、アンカー点があれば答えが一意に定まります）。しかし、三角形ですから頂点がわからなくても各辺に2つの点があれば、そのすべての点を含む三角形を一意に描くことができます。このような条件を数学的に導き、アンカー点がない場合でも解けることを示しました（図4.5）。

　そして、すべてのデータ点を内部に含みつつ、一番面積が小さいものを求めるという制約をつけて解くことで正しく解を求めることができるようになりました。このようにして、雑音遷移行列がわからない状況でどのようにラベル雑音に対応するかという問題に対して、かなり本質的な解決法が見つけることができました。

　これで難しい問題が1つ解けたことにはなりますが、まだまだ研

Tの非識別性（つづき）
■アンカー点が存在すれば、Tの識別が可能
■アンカー点がなくても、訓練データが「十分に散らばって」いれば識別が可能

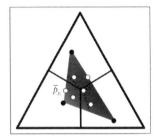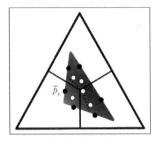

**図 4.5** アンカー点がなくても、訓練データが「十分に散らばって」いれば同定可能

究としては終わっていません。これは「入力が$x$で出力が$y$のとき、$y$に含まれる雑音が$x$に依存しない」という条件で解けたということで、これは$T$という行列が$x$に依存せずに、全面的に同じような雑音が乗っているという設定です。しかし世の中の問題はあまりこうはなっていません。実際には分け目の近くが非常に難しいのです。たとえば、がん細胞の判定を考えたときに、明らかに正常な細胞と明らかにがん化している細胞は簡単に見分けられますが、がんかどうかわからない微妙な範囲は、人によっても判断基準が違ってくることがあります。結局、境界から離れた安全な部分では、雑音があまりない状況だったりします。そのため、$y$の雑音は$x$に依存する状況を考えないと、本当のリアルな問題を解くことにはなかなかつながらないのです。

　ただ現在、$T$が$x$に依存しない場面でも何とかギリギリで解けるようになってきたところですので、さらに$x$に依存する形で$T$を推定しようというのは、とてつもなく難しい問題です。残念ながら、

これを正しく解くのはほぼ不可能だと考えられています。そんな中でも、いくつかの問題に合わせた知識やいろいろな仮定を入れ、アルゴリズムのアイデアを出しながら、解法を探っているところです。実験的にアイデアを入れてやってみたら、うまく解ける場面があるということが見つかりつつあるのが、最近の状況です。この部分は本当に最新の研究で、まだ解けていない問題ではありますが、こうした研究を積み重ねていくことで、$x$ に依存する雑音であってもうまく対処できるような方法を、しっかり理論立てて作っていこうとしているのです。

## 共教示：コ・ティーチング

　もう1つ、雑音の問題で面白いことをやっています。まだそこまで体系化されているわけではないのですが、2018年に出した論文です。これは実は、ディープラーニングにうまく実装できるということで、非常に注目されています。

　ディープラーニングはとても複雑なモデルを使っており、一般に雑音が乗ったデータを与えても全部記憶してしまいます。逆に言うと、それが悩ましいところなのです。当然、真実とは違うものは直さないといけません。そのとき、ディープラーニングの学習の特性を利用しようということです。ディープラーニングは徐々に山を降るように学習していくという方法をとります。ディープラーニングでは、雑音があるデータとないデータを混ぜて徐々に学習させていくと、雑音がないデータはあっという間に覚えてしまうのですが、雑音があるデータは覚えるのに時間がかかると言われています。

　たとえば、○のデータと×のデータが図4.6の（a）のようにあると、単純な線をちょっと動かすと分けられるようになりますが、（b）のようになっていると大きく動かさないと分けられなくなり

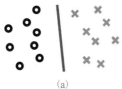
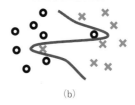

ラベル雑音なし　　　　　　ラベル雑音あり

(a)　　　　　　　　　　(b)

■ラベル雑音がある場合、通常の学習法ではうまく学習できない

**図 4.6**　ラベル雑音のない場合とある場合（再掲）

ます。すなわち学習に時間がかかるということになります。ここからわかることは学習を途中で止めればいいということです。これは早期終了と呼ばれるテクニックで、実は 1980 年代のニューラルネットワークブームの頃から知られています。

　実際、本気で学習すると雑音があるデータも記憶してしまうので、ちょっと学習して途中で止めてしまったほうがいい場面はよくあります。それでも途中で止めるのは結構難しくて、いつ、どう止めればうまくいくかは、まだよくわからないところではあります。具体的なアイデアとしては、2 つのモデルを使うものがあります。そこで、その 2 つのモデルを使う方法を提案しました。この方法では、モデルをコピーして、それぞれをバラバラに学習させるのです。そして、2 つのモデルそれぞれが、誤差が小さいデータを選んで相手に教えてあげるのです。

　学習モデル A と学習モデル B の 2 つが、それぞれ別に学習して、A がちょっと学習した後に誤差が小さいデータを選んで B に教えます。B も同じように、ちょっと学習して誤差が小さいデータを選んで A に教えます。A と B はそれぞれ教えられたデータを使ってまた学習するということを繰り返します（図 4.7）。やってみると、

■深層モデルの性質：
　　• 深層学習では雑音なしデータを早く記憶
　　• 単純な早期終了はうまくいかない
■2つの深層モデルを用いた共教示：
　　• 誤差の小さいデータを選んで教え合う
　　• 出力が合致しないデータだけを教える
　　• 誤差の大きいデータに対して勾配上昇
■50％のラベルをランダムに変えてもうまく学習できる
　ことがある

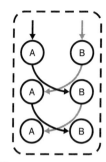

**図 4.7**　共教示（コ・ティーチング）

実際、それで結構うまくいくのです。2人で集まってお互いに苦手なものを教え合うみたいな感じに近いところがあるのかもしれません。2人でティーチングし合うので、「コ・ティーチング」という名前で論文を発表しています。

　その後も性能を上げる方法をいろいろ考えています。教え合うときに出力が合致しないもの、自分が予測したものと他方が出してきたもので、異なるものだけを選んで教え合うようにすると、もっと性能が安定するだろうというのは直感としてあります。最終的には、AとBはいつか同じになるのですが、同じになるということは、互いに教え合うことができなくなるということです。要は、出力が合致しないデータだけを教えていくと、違いが維持されやすくなって、もうちょっと性能が上がるということです。

　さらにその続きとして、これまで捨てていた、雑音があると思われる誤差の大きいデータをうまく使えないかというのが1つのアイデアとしてあります。雑音があるから教えないほうがいいだろうと考えていたのですが、逆に、雑音が乗ったデータによって「これを覚えてはいけない」ということがわかります。そこで、それに対する誤差を増やすように学習するのです。

ここまで見てきた確率的勾配法は普通は谷に降りていく学習をするのですが、間違ったデータだとして渡されたものに対しては、逆に山を登るように学習するのです。これによって、性能が上がります。「良いデータだけを選んで学習する」というのはみんなが思うところですが、「悪いデータも実は悪いという知識を使えば使い道がある」ということで、これはパラダイムとして面白いところだと思います。実は、この後に出てくる弱教師付き学習の部分でも、同じようなアイデアを使っています。

コ・ディープラーニングに関しては理論はないのですが、ラベルの半分をランダムに変えてしまってもロバストに学習できるという、古典的なロバスト統計などでは到底無理な世界に入ってきているのです。そういう意味で、雑音が多いような状況下ではこういったヒューリスティックなやり方も、非常にうまく使えるかもしれないのです。

## 4.2 | 弱い教師情報の活用

### 限られた情報からの機械学習

教師付き分類には、データ数が少ない場合の予測精度を上げるにはどうすればよいかといった課題もあります。正と負を分ける線を求めたいとき、ラベル付きのデータ数 $n$ が与えられたとすると、基本的に誤差は $1/\sqrt{n}$ 程度です。

ここで、再度、予測誤差と VC 次元の不等号の式を見ると、$1/\sqrt{n}$ が右辺にあります（図 4.8）。非常に小さな値となる $\log n$ は無視することにすると、$n$ を増やすと推定誤差は $1/\sqrt{n}$ くらいの速さで減っていくことが知られています。そのため一般的には、誤差の減少率 $1/\sqrt{n}$ が達成できればベストだと言えます。また逆に、普通に学

$$\text{予測誤差} \leqq \sqrt{\frac{1}{n}\left(V\left(\log\frac{2n}{V}+1\right)+\log\frac{4}{\delta}\right)}$$

$n$：手元にあるデータの数

$V$：VC次元（分類器の複雑さを表す尺度）

**図 4.8** 予測誤差と VC 次元

習すると $1/\sqrt{n}$ より小さくできないという限界もわかっています。

しかしこれは、あくまで $n$ が多いときに役立つ話であって、$n$ が小さいときにはどうしようもないところがあります。では、$n$ が小さい場合にどうすればよいでしょうか。たとえば医療の問題、自然災害の問題、材料科学の問題などにおいてたくさんのデータを取ることは難しいです。そもそもプライバシーの問題があってデータを取れないというケースも十分にありえます。

そういった場面で機械学習をするにはどうすればよいかという研究は、実はいろいろあります（図 4.9）。1 つは、そもそものデータの取り方を工夫するということです。たとえばクラウドソーシングで 1 回 1 円で答えてもらうという方法は、実際にさまざまなところで使われています。日本でも電車の中で（スマートフォンなどで）暇つぶしにやっている人も多いらしいです。

また、何かサービスのアカウントを作るとき、「画像の中から○○の写真をクリックしてください」と言われる場合があります。目的は認証（人間のログインであることを示す）ですが、同時にデータのラベル付けをすることにもなっているのです。

文字でも同じようなことをやっています。「画像で表示される文字を正しく入力してください」と言われることがあります。画像が

■教師付き分類：大量の教師データを用いることにより、人間と同等かそれ以上の
予測性能を達成：
- 画像理解、音声認識、機械翻訳…
- ラベル付きデータ数 $n$ を増やしていくと、分離境界の推定誤差は $1/\sqrt{n}$ の速さ
  で減っていく（最適）
■しかし、応用分野によっては、教師データを簡単に取れない：
- 医療、自然災害、材料、プライバシー…
■限られた情報からの学習が重要！

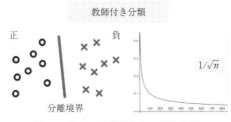

図 4.9　限られた情報からの機械学習

2つ出て、1つは人為的に作った文字で答えがわかっているもの、もう1つは古い本などをスキャンしたものです。ユーザーはそれを知りませんから、2つとも正しく打ち込みます。その答えを見て、1つは答え合わせでその人がちゃんとやっているかどうかをチェックし、もう1つは答えを教えてもらっているということなのです。大量のユーザーがアカウントを作るようなメジャーなサービスだとすると、世界中で大量のデータが集まるわけです。これは、図書館にあるほとんどすべての本が1年ぐらいでテキスト化できるレベルの話です。

　人から見るとゲームをやっているように、もしくは認証をしているように見えても、それが実は自然と世の中の問題を解決するために使われているわけです。お金を払うのが一番古典的なやり方ですが、このようにデータの集め方を研究するゲーミフィケーションやヒューマンコンピュテーションと呼ばれる研究がすごく進んでいま

す。世の中のあらゆるデータをラベル付けしようとしているのです。

　あるいは、「シミュレータを作って、そこで擬似的にデータを作る」というのもよくやる方法です。昔からずっと研究されているのが地震のシミュレータです。最近では、自動運転車のトレーニングにコンピュータゲームを使おうしています。いまどきのゲームはリアルにできているので、その画像を学習データとして使ってしまえばいいということです。コストをかけずに、シミュレーションによって疑似データをたくさん作るという方法もいま研究されています。

　もちろん、いろいろな課題はあります。シミュレーターと現実のギャップは常にあるので、必ずしもこれでうまくいくわけではないし、クラウドソーシングにしてもエキスパートではない人がラベル付けするので間違いが多かったりします。

　あとはもう、ひたすらエンジニアががんばって工夫するのが一般的だと思います。たとえば問題特有の性質を使って、知識を入れていくとやはり性能が飛躍的に向上します。こういった形で、データが少なくてもがんばって何とかしようと、いろいろな工夫がされています。

**教師なし分類、半教師付き分類**

　ここで、我々がやっている研究の話に移ります。教師情報がきちんと付いていないような、ある意味「弱い」データでかまわないので、とにかくたくさん集めてきて使いましょうというアプローチで研究を進めています。これを「弱教師付き学習」と呼んでいます。

　前述のように、正と負を分ける問題（正と負を分ける線を求める）で、ラベル付きのデータ $n$ を増やせば、誤差が $1/\sqrt{n}$ の速さで減っていくということが言えます。ビッグデータではこれが有効なわけですが、$n$ が大きくできない場面もあります。

■教師なし分類：
- ラベルをまったく使わない
- データを塊に分けるクラスタリング
- 予測性能に関して何も保証できない

■半教師付き分類：
- 少しだけラベルを使う
- ラベルをクラスタに沿って伝播
- 予測性能に関しては、一般的には何も保証できない

**図 4.10**　半教師付き分類

　そういった場合、ラベルを一切使うのをやめて教師なし学習にしようというアプローチも当然あります。ラベルなしのデータがたくさんあったとき、適当にクラスタに分けてしまおうということです。これもいろいろなところで進められていて、うまくいくこともあります。まったく否定するようなものではないのですが、理論的に予測性能が保証ができるわけではありません。

　そこで、その間をとった「半教師付き学習」（Semi-Supervised Learning）の登場です（図 4.10）。よく知られている学習モデルですが、「たくさんのラベルなしデータと、ちょっとのラベル付きデータを使ってうまく学習しましょう」というものです。もう 20 年以上研究されていますが、この研究がある意味、弱教師付き学習の一番の走りです。アイデアとしては非常に良い方法で大ブームになったのですが、やっていることは基本的にクラスタリングとあまり変わりません。暗にクラスタを求めて、「ここが○だとわかっているので、このクラスタは全部○にする」「ここは×だとわかっているので、このクラスタは全部×にする」というようにクラスタに沿

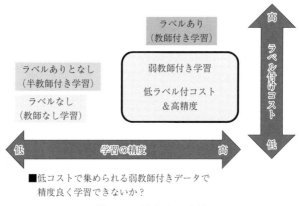

■低コストで集められる弱教師付きデータで
　精度良く学習できないか？

**図 4.11**　分類問題の分類

って伝播していくアルゴリズムです。これは、もともとデータがう
まくクラスタ化されているような場合はうまくいきますが、乱雑に
混ざっている場合はうまくいきません。

　分類問題の種類をまとめると図 4.11 のようになります。横軸が
学習の精度です。右側にいくと精度が高く、左側にいくとあまり信
頼できないものになっていきます。縦軸はラベル付けのコストです。

　教師付き学習は、全部のデータにラベルを付けるのでコストが一
番高くなりますが、$1/\sqrt{n}$ の誤差減少率が達成できるので精度も最
高です。

　2 番目の教師なし学習は、ラベルを 1 つも使わないのでラベル付
けのコストはゼロです。分類精度が良いか悪いかという点は何の保
証もないので、一般的には信頼できないということで左下に来ます。

　3 番目の半教師付き学習はその折衷案を狙ったところです。実際
のところ、残念ながらあまり精度は出ないので、やはり左寄りの位
置です。この半教師付き学習をもう少し右に、精度が良くてコスト
が低いところに持っていきたいと考え、研究をスタートしました。

なおここでは、教師付き学習よりも弱く（教師情報がきちんと付いていない）、教師なし学習よりも強い（教師情報がきちんと付いている）ものすべてを弱教師付き学習と呼んでおり、半教師付き学習も弱教師付き学習の1つという位置づけです。つまり、弱教師付き学習の中にいろいろな問題が入っているということです。

## 弱教師付き分類（2クラス）

　一番最初に取り組んだ研究は、「正」と「ラベルなしデータ」だけから分類しようとするものです。正が○で、負が×だとしたときに、「○の正のデータを与えられているが、×の負のデータは1つも与えられていない、その代わりに○か×かわからないラベルなしのデータはたくさんある」という状況を考えます。○か×かわからないラベルなしのデータは□としましょう。

　この典型的な例がインターネット上でのクリック予測です。広告のプラットフォームを運営する会社は、ユーザーが広告をクリックするかどうか当てたいわけです。ちょっとでもクリック率が上がると広告の収入が何億円も増えたりするので、これは非常に重要なタスクです。

　このときログを取れば、実際に画面に表示してクリックされたデータはユーザーが興味があったものだろうということで、正のデータとして簡単に集めることができます。

　一方、画面に表示したけれどクリックされなかった広告もデータとして取得できるのですが、クリックされなかったからユーザーが興味のない負のデータなのかというと、そうとも言い切れません。本当は興味がある広告が出たけれどもたまたま別のものを見ていたからクリックしなかった、あるいは忙しくてクリックしなかったという可能性もあるわけです。画面に出たけれどクリックしなかった

広告はまだ正か負かわからないということです。つまり、クリックした正のデータと、クリックされていない、まだ正か負かわからないラベルなしのデータしか集まらないということになります。「本当に嫌いです」というのが、わざわざ「嫌いボタン」を作って押してもらわない限り取れないのと同じです。

この◯と□のデータから、◯と×を分けましょうというのが「正とラベルなし分類」という問題なのです。これは、ポジティブとアンラベルから学習するので「PU学習」「PU分類」と呼ばれています。こういった研究を通して、結果的にこの問題はかなり精度良く解けるようになりました。

解き方は、雑音ラベルの学習の話に近いイメージです。正のデータはすでに与えられているので、それで問題はないとして、ラベルなしデータを「負のデータに雑音が乗ったもの」とみなすことで、本当は負のデータがいくつか正のデータに変わってしまったというように考えることができます。

雑音のない正のデータと、雑音のある負のデータが与えられていて分類器を学習しているというイメージです。そうすると、雑音ラベルの学習方法と近い話になります。問題は似て非なるものではあるのですが、解き方の考え方は数学的には共通です。

我々は2014年には、理論も整理した上でこの研究を発表しています。このときは雑音ラベルの学習とはもちろん無関係で、正とラベルなしデータから分類するという文脈での研究だったのですが、それが後になって、雑音ラベルの学習のマイルストーンとなった2017年の研究と、実は大きな関係があったということがわかりました。我々は弱教師付き学習の文脈で発展させていったのですが、実は雑音ラベルの学習にある意味対応していたのです。研究の歴史のちょっと不思議なところです。

では PU 分類から、どのような流れでこの弱教師付き学習の研究が発展したかを見ていきましょう。

　半教師付き分類とは、ちょっとだけの正のデータ（○としましょう）と、ちょっとだけの負のデータ（×としましょう）と、たくさんのラベルなしデータ（□としましょう）があるときの分類です。我々はこれを解くときに問題を以下のように分解しました。○と×と□が全部与えられている問題に対して、「○と□だけを取り出した問題」「×と○だけを取り出した問題」「□と×だけを取り出した問題」の3つに分けたのです（図 4.12）。

　○と□の問題を見ると、これは「正とラベルなし」分類そのものです。ですので、すでに解く方法があります。次の○と×の問題は一般的な教師付き分類の問題なので、普通の方法で解けます。3番目の□と×の問題は「負とラベルなし」ですが、本質的には「正とラベルなし」と同じことなので、同じ方法で解けます。

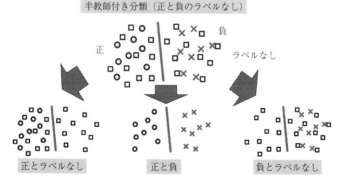

半教師付き分類の革新

■半教師付き分類問題を分解した3つの問題は、それぞれ最適に解ける
■それらを組み合わせても最適に解ける

**図 4.12**　ラベルなし分類

このようにバラバラにすると3つとも解くことができるわけです。その3つとも、ある意味理論的な保証を持って正しく解けるアルゴリズムがすでにあるので、これらを組み合わせると正しく解けると理論的に示すことができるのです。

　つまり、半教師付き分類の新しい解き方として、「分解して解く」という戦略を提案し、実はこれで初めてラベルなしデータが常に役に立つことを理論的に証明できたわけです。これは感覚的には面白い話で、昔のラベルなしデータの使いどころは、クラスタに沿ってラベルを伝播していくようなもので、答えにバイアスをかけている感じです。そのバイアスがたまたま真実と合っていればうまくいくのですが、理論的にきちんと示されているわけではないので、その保証はありません。

　我々のとった、問題を分解する方法では、この例でラベルなしデータを「雑音が乗った負のデータ」とみなし、ある意味ラベルの情報を抽出して学習しているわけです。これは推定結果のバイアスを減らしていることに対応します。一方、「バイアスをかける」と述べましたが、この方法だと「分散を小さくする」という学習ができますが、バイアスが大きくなることがあります。ラベルなしデータがバイアス低減のために活用できる半教師付き学習のアルゴリズムが初めてできたということが、1つの大きな成果だったのです。

### 弱教師付き学習（2クラス）のさらなる発展

　PU分類の考え方を発展させていくと、さまざまな弱教師付き学習の問題が同様に解決できることがわかりました（図4.13）。また、問題によってはラベルなしデータすら取れない、正のデータしか取れないという場合もあります。たとえば「お客さんが自社の商品とライバル会社のどちらを買うか予測する」問題です。自社のデータ

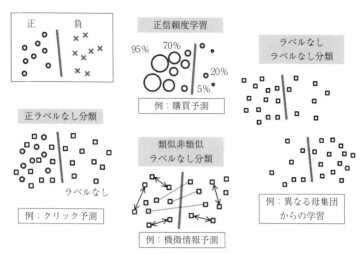

**図 4.13** 弱教師付き学習（2 クラス）

は顧客データを集めていれば持っているはずです。しかし、プライバシーの問題がありますから、ライバル会社のデータはラベルなしであっても取れません。つまり、正のデータしか取れないということになってしまうのですが、1 クラス分しかデータがないので、結局、教師なし学習になってしまいます。

　しかし、ちょっと工夫するとこれが解けることがわかりました。すなわち正のデータにさらに信頼度が付いて、「このデータは 95%の確率で正だ」「このデータは 20%の確率で正だ」となれば、その信頼度の付いた正のデータだけから学習できることがわかりました。

　どのようなときに使えるかは、まだ議論の余地があるのですが、少なくとも自社のデータに関してはいくらでも解析ができるはずです。ライバル会社のデータをまったく取らなくても、自社の顧客情報をうまく使うことで分類できます。ここでは、「20%の確率で正」ということは「80%の確率で負」ということを使います。正の信頼

度のデータがあると、ひっくり返した負のデータが擬似的に作れることになるので、それを使うと正の信頼度だけからでも学習ができるわけです。

　この話をさらに発展させていくと、そもそも正とか負とかラベルをまったく取れない場合でも分解問題を解けることがわかりました。たとえば、2つの病院にがん患者が一定数いたとき、それぞれの病院のがん患者の検査情報は取れるかもしれません。しかし、診断についてはまったく教えてもらえない状況でがんかどうかを予測したいという場合、完全に教師なし学習になってしまいます。通常は無理な話ですが、病院が2つあると、実はできる場合があるということを示したわけです。

　仮定として「2つの病院でがん患者の比率が違う」と置きます。病院Aのデータは80%ががんの患者で20%ががんではない人だとします。病院Bは、30%ががんの患者で70%ががんではない人だとします。比率が違うというのがポイントです。2セットのラベルなしデータを持っていてその比率が違うということに、何らかの冗長でない情報が含まれているわけです。そして、それを使うことで一般的な教師なし学習よりも少し情報が増え、その増えた情報から学習ができるということなのです。これを「ラベルなしラベルなし分類」と呼んでいます。

　これがなぜできるかというのは結構ミステリアスな問題ですが、実はこれは先ほどの「正とラベルなし分類」と考え方は同じなのです。「正とラベルなし分類」では、正のデータは雑音がない状況、負のデータは雑音が乗っている状況と考えて、うまく分類していました。「ラベルなしラベルなし分類」では、正と負、両方とも雑音が乗っているとみなします。1セット目のデータは、理論上は正のデータに雑音が乗ったものだとみなし、2セット目のデータは負の

データに雑音が乗ったものだとするわけです。正と負がひっくり返る場合もあるので、その部分の仮定は多少必要になるのですが、結局、雑音が乗ったデータからの分類問題と本質は同じになるのです。

我々がこの方法のもとになるアイデアについて最初に論文を出したのは 2013 年ですが、理論を作ったのは 2019 年だったので、2017年の雑音ラベルのブレイクスルーとなった研究からは少し遅れてしまいました。しかしこういった方法で、本質的には同じような問題が弱教師付き学習という文脈で使えることを示したわけです。まったくラベルを取っていないのに 2 セット比率の違うものがあれば解けるという、かなり独自性のある結果が得られた研究です。

もう 1 つ関連する話として、たとえば政治的な信条や宗教、収入などセンシティブな情報を分類器で予測しようとするとき、そもそもラベルを取ることが難しいです。「あなたの年収は 1000 万円以上ですか、イエスかノーか」と聞かれて、答えたくないという人は結構いると思います。そこで、「イエスかノーか答えなくてよいので、誰と同じか教えてください」と聞くわけです。「私は A さんと同じです」「私は B さんとは違います」という感じで、類似と非類似のペアを集めます。データとしては 2 セットのデータが与えられて、1 つ目のセットのデータペアは、同じクラスに属します。つまり、イエス・イエスか、ノー・ノーのどちらかになります。そして、2つ目のセットのデータペアは、イエス・ノーか、ノー・イエスのどちらかです。実はこれは数学的には「ラベルなしラベルなし分類」の特殊なケースに対応し、ラベルなしラベルなしの分類の手法を使って解くことができます。

この 2 クラスの弱教師付き分類の研究では、標準的な機械学習の方法で使われている学習基準をほんの少し変えるだけで解けることから、非常に汎用性のある理論を作ることができていると言えます。

ポイントは、ほんのちょっとの工夫が大きな革新を生むというところです。

## 弱教師付き分類（多クラス）

　ここまで2クラスの話をしてきましたが、一般的には当然、3クラス以上の場合、多クラスの場合も考えたいです。そういった、多クラスの弱教師付き分類についてもいろいろ研究しています（図4.14）。

　たとえば画像の認識となると1000クラス、1万クラスというレベルです。「人」とか「鳥」「飛行機」「空」「地面」と、何でもクラスになります。当然、そうなるとラベル付けは非常に大変です。そこで何とかしようといろいろ考えたものの1つが「補ラベル」です。

　補ラベルでは、「間違っているラベルをあえて教えてください」という聞き方をします。通常は「これはクラス1」「これはクラス2」「これはクラス3」と正しいラベルを付けてもらうわけですが、「これはクラス1ではない」「これはクラス3ではない」という否定のラベルを要求する方法です。そうすると、画像認識でもラベル付けが簡単になります。「この画像に犬はいますか」に対して、イエス・ノーで答えればいいわけですから、わりと簡単にデータが取れますが、その代わりに情報としては乏しいものになります。「犬ではない」ことしかわからず、正しい答えはわからないわけです。

　しかし面白いことに、否定のラベルだけからでも分類器は正しく学習できることが保証できるのです。最終的には、ここはラベル付けのコストとのバランスになるのかもしれません。補ラベルを簡単にたくさん集められる状況をうまく作ることができれば、そこから、非常に性能の良い分類器が学習できるということです。

　補ラベルをもう少し一般化すると「部分ラベル」という考え方に

■多数のクラスがあると、ラベル付けはますます大変

■補ラベル：パターンが属さないクラスを示すラベル
　• 例：「クラス1に属さない」「この画像に犬はいない」

■部分ラベル：真のクラスを含むラベルのサブセット
　• 例：「クラス1か2に属する」「犬か猫か鳥のどれか」

■1クラス信頼度：信頼度データ
　• 例：「クラス1である確率が60％、
　　　　クラス2である確率が30％、
　　　　クラス3である確率が10％」

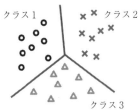

**図4.14**　弱教師付き分類（多クラス）

なります。これは「or」に対応するラベルです。普通は「これはクラス1」「これは犬」とラベルを付けてもらうのですが、「これはクラス1か2のどちらか」「この画像は犬か猫か鶏かのどれか」というようになります。これくらいなら、ラベル付けは簡単です。たとえば、病気の診断です。本当に何の病気なのかを正しく指定しようとすると、医師がきちんと診断する必要がありますが、診断ツリーの入り口であれば大雑把なラベルを付けることで、その後の診察フローをスムーズにできるかもしれません。

　さらには、先ほどの正信頼学習の多クラスへの拡張ですが、データを取れるのは3クラスのうち1クラスだけです。その代わり、その1クラスのデータが非常に精密であれば、それだけでも学習ができます。これは、クラス1である確率が何％、クラス2である確率は何％、クラス3である確率は何％というところまでわかっている精密なデータが、1つのクラスで取れる場合です。

　そういう意味では、このあたりは弱い教師かどうかという点でち

ょっと微妙なところはありますが、やはり今、弱い教師情報から学習するというパラダイムは非常に大事だと考えています。これまではビッグデータの時代でした。お金をかけてデータを取って、性能の高い計算機で学習させるのがディープラーニングだという感じでずっと来てしまったのです。アンチテーゼというわけではありませんが、そういう場面でなくても学習するニーズはたくさんあるわけです。ビッグデータが得られない場面はたくさんあります。そういうところも使える弱い教師情報からの学習というパラダイムが重要だろうと考えて、研究を進めています。

---

### コラム：弱教師付き学習の進化とデータプライバシー問題

　本文で紹介しているように、弱教師付き学習の研究が進んできていますが、それには良い面と悪い面があります。厳密にデータを集めなくても弱い情報だけでもたくさん集めてくれば機械学習できる、予測が当たるようになり、学習システムを作る側からするとこれは非常にうれしいことです。一方、ユーザー側からすると、プライバシーの問題からラベル情報をあまり出さなかったにもかかわらず学習されてしまい、嫌な気持ちになるかもしれません。間接的な情報だけでも、いろいろな人から集めて学習させることで分類器が作れ、結果的にその人のラベルも正しく予測できてしまいます。自分が明示的にラベルを公開しなくても、予測値で当てられてしまうわけです。

　この方法はある意味プライバシー保護を半分破ってしまっているところがあるのかもしれません。ユーザーとしては部分的にしか情報を出さなかったつもりなのに、すべての情報を出したときと同様の学習ができてしまうのですから。やはり AI 研究にはこうした問題が伴うところがあり、AI と倫理についての議論も同時に進める必要があります。

## 4.3 　限られた情報からロバストに：信頼できる機械学習に向けて

**転移学習とは**

　ここでは、他のタスクからのデータを転用する学習ということで転移学習（transfer learning）を紹介します（図 4.15）。

　これは、過去のデータをうまく持ってくれば、いまの問題の学習に再利用できるのではないかという考え方です。たとえば、いま学習したい分類問題、解きたい問題はあるのですが、学習のためのデータはあまり持っていません。代わりに、以前に解いた別の問題のデータがあります。前の問題といまの問題がまったく違っていたら、もちろん全然学習できないのですが、実は似ていることが暗にわかっているという状況です。

　これは実は、私がもう 15 年ぐらい前から取り組んでいるテーマです。2006 年に国際会議でワークショップをやりましたし、本を出してもいますが、いままたこれがホットな話題になってきて、いろいろと新しい研究が進んでいます。

　通常はいまの分布から得られたデータを学習して予測するのですが、転移学習では一般に「学習データは前の分布から取るが、予測はいまの分布に対して行う」ということを考えます。学習する分布と予測する分布がまったく違う「同時分布シフト（joint distribution shift）」が、一番汎用的かつ一般的な設定で、そして一番難しい問題です。

　いろいろな特殊ケースがあり、入力の分布だけが違う場合もあります。図 4.16 のように、左側の●で示したデータを使って学習して、右側の×で示したデータを予測しようとします。これは「共変量シフト（covariate shift）」と言い、与えられた入力に対する出力の関

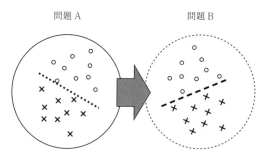

問題 A のデータを使って、
問題 B に対して予測を行う

**図 4.15** 転移学習

係性は、訓練データとテストデータで変わらないが、入力（共変
量）の分布が訓練データとテストデータで異なる状況です。図 4.15
の例は、いわゆる外挿問題にあたります。

あるいは「クラス事前確率シフト（class-prior shift)」といって、
クラスのバランスが変化する問題です（図 4.17）。たとえば、ある
グループに属する人を男性か女性かに分類したいとき、訓練データ
は過去のデータで、そこでは 9 対 1 で男性が多かったとします。と
ころがいまのテストデータでは 5 対 5 で男女比のバランスが取れて
いるならば、過去のデータをそのまま使って学習すると誤ったバイ
アスがかかってしまうので、これをどう補正するかという問題です。
こういった問題を解こうと、以前から研究がされています。

**重み推定を革新的に打開したアイデア**

前章までに見てきたように、普通に「学習する」というのは、最
小二乗法で直線をフィッティングするような方法です。図 4.18 左
の場合では、「直線」に過去の「●」をフィッティングさせること

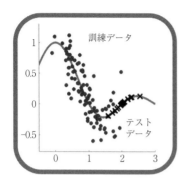

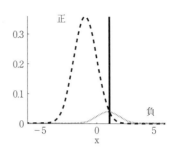

訓練データとテストデータにおける
入力変数の分布が異なる場合のバイ
アス問題

**図 4.16** 共変量シフト（covariate shift）
におけるトレーニングデータとテスト
データの関係

**図 4.17** クラス事前確率シフト
（class-prior shift）
訓練データとテストデータでクラ
スのバランスが異なる

で、これはうまく実現できます。ところが、いま予測したいのが将来の×だと、全然予測が当たらないということになってしまうわけです。式を書いても、やはり予測が当たらないことが簡単に確認できます。

　そこで、普通に学習するのではなく、重みを付けるのです。「重要度」と呼んだりしますが、訓練データ（$P_{\mathrm{tr}}$）分のテストデータ（$P_{\mathrm{te}}$）という確率密度の比率を掛けてやると、グラフ中の●から学習するにもかかわらず、今度は右上がりの直線が求められて、将来の×がそこそこ当たるようになります（図 4.18 右）。この比率（$P_{\mathrm{tr}}$分の $P_{\mathrm{te}}$）が重要度です。

　この重み、「$P_{\mathrm{tr}}$分の $P_{\mathrm{te}}$」の確率密度比を推定しようと、私も 15年以上前から研究しており、いくつかいい方法はありますと言えるようにはなりました。そこで密度比推定の研究としては一段落していたのですが、転移学習の文脈で、最近また大きく研究が発展して

Shimodaira（JSP12000）

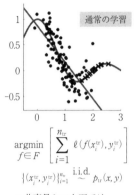

通常の学習

$$\underset{f \in F}{\mathrm{argmin}} \left[ \sum_{i=1}^{n_{\mathrm{tr}}} \ell\left(f(x_i^{\mathrm{tr}}), y_i^{\mathrm{tr}}\right) \right]$$

$$\{(x_i^{\mathrm{tr}}, y_i^{\mathrm{tr}})\}|_{i=1}^{n_{tr}} \overset{\text{i.i.d.}}{\sim} p_{\mathrm{tr}}(x, y)$$

- 共変量シフト下では、
  通常の学習は一致性がない

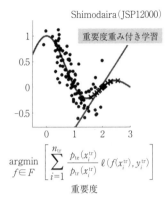

重要度重み付き学習

$$\underset{f \in F}{\mathrm{argmin}} \left[ \sum_{i=1}^{n_{\mathrm{tr}}} \frac{p_{\mathrm{te}}(x_i^{\mathrm{tr}})}{p_{\mathrm{tr}}(x_i^{\mathrm{tr}})} \ell\left(f(x_i^{\mathrm{tr}}), y_i^{\mathrm{tr}}\right) \right]$$

重要度

- 重要度で重み付けすると、
  一致性を持つ

■重要度はどうやって推定するか？

**図 4.18** 重要度重み付き学習

いMS。

　その1つが、2ステップの解き方を1ステップにするものです。前述の雑音ラベルの話と同じなのですが、実はこの問題においても重要です。当時の研究では、最初のステップで重み（確率密度比）を推定し、次のステップでその推定した重みを使って分類器なり予測器を学習するという2段階でやっていました。「$P_{\mathrm{tr}}$ 分の $P_{\mathrm{te}}$」をデータから推定するということで、当初はそのようなアプローチを取っていたのですが、やはりよく考えるとバラバラに2段階で解くのは良くありません。

　2段階が良くないことは結構昔からわかっていまして、それを避けるための方策をいろいろと研究していました。その決定打が1段階法です。2段階目のことを考えて1段階目の重みを推定すると、もっと改善できるだろうと考え、研究に取り組み始めました。そし

て、いろいろと新しいアイデアが出てきて、ここ数年でかなりできるようになってきました。

　具体的には、本当に最小化したい誤差の上界を求めて、それを最小にするように重みと予測器を同時に学習します。普通に誤差を定義すると、重みというものは出てきません。テストデータに対する誤差が定義されているので、ただ単に最小化しようとすると、テストデータに対する予測値しか出てこないのです。そこにうまく重みを入れ、重みについても最小化したいのです。結果的に、テストデータに対する誤差の上界を2つの項の足し算で表現できることがわかりました。

　面白いことに、2つの項は1ステップ目と2ステップ目に出てきたものです。これまでの式を見直すと、本当はこの2つの項を足したものを同時に最小化したかったのに、1項目を最初に最小化して、その後それを固定して2項目を最小化するという2段階の解き方をしていたことがわかります。だから、最小にはなっていないのです。この式を導き出したことによって、両方を同時に最小化すればもっとうまくいくはずだと理論的に証明できます。実験でも、性能が上がっています。

　ここでのポイントは、雑音ラベルのときと同じように、他のタスクからの教師情報の転用でも、2段階で問題を解くのをやめて、1段階で解くことによって性能が改善できるということが証明できたことです。このように「多段階で解いているところを全部同時に解く」ことでもっとうまくいくというのは、結構いろいろなところで使えます。いわゆる、メタな研究のアプローチということになります。

　たとえば、ディープラーニングがなぜうまくいくかというと、「全部まとめて1回で解いているから」とやや大雑把な言い方をし

たりします。カーネル法の場合は2層しかなくて、1層目は何らか
の事前知識を用いて決定して、それを固定したあと2層目をデータ
から学習しています。これも2段階で解いていると解釈できます。
それに対して、ディープラーニングは左側の入力の層から出力の層
まですべてを同時に学習します（end-to-end という言い方をしたり
します）。そのおかげで性能が良くなるのだ、という解釈です。

　多段階で解くよりも一発で解いたほうがよいというのは、おそら
く多くの問題で言えるでしょうが、共変量シフトに対する転移学習
では、理論保証を持ってできるようになったのが大きなことです。
10年前に解けなかった問題がある意味解けるようになりました。
これは結構、革新的なことなのです。

## 重みを動的に学習するというアプローチ

　もう1つ最近の大きな進展として、ディープラーニング時代に合
った方法が登場しています。4.1 節で2つのニューラルネット同士
で教え合うという話をしましたが、このときニューラルネットA
はちょっと学習した後に、誤差が小さいデータを選んでニューラル
ネットBに教え、Bは同じようにちょっと学習して、誤差が小さ
いデータを選んでAに教えるということを繰り返し、徐々に学習
を進めていきます。

　実は、このような「学習の途中結果を見て、途中で戦略を変え
る」という発想は、ディープラーニングの登場によって可能になっ
たことです。ディープラーニングが出る前のカーネル法の時代には、
一番最適な解を工夫して求めるというアプローチでしたが、ディー
プラーニングは途中の結果を見ながら徐々に学習していきます。学
習の途中結果を見るという感覚は、ディープラーニングの前にはあ
りませんでした。

これと同じようなフレーバーを、転移学習でも入れることができないでしょうか。すなわち、重みを動的に推定していこうというアプローチです。データ全部を使って学習するのではなく、少量のデータをランダムに少しだけ学習する、これを繰り返していく、いまのディープラーニングのやり方です。

　そういったアルゴリズムを実際に作ることができて、それを使うと、もうあまり余計なことを考えずに簡単に学習できてしまうわけです。小さいデータ集合に対して、重みを適当な方法で決めてやっていけばいいだけなので、実装もわりと簡単で、実用的なアルゴリズムが開発されました。

━━━コラム：理論研究と現場での要請━━━

　機械学習の分野の、理論的な証明と実装の関連を見てみましょう。ほとんどの論文は理論に基づいてアルゴリズムを作り、そのアルゴリズムをプログラムとして実装し、実験をやってうまくいくことを示します。単に理論を証明して終わりという論文も、たまにあるにはあります。しかし多くは、論文の中でアルゴリズムを提案しており、そのアルゴリズムを実装したプログラムコードをネットに公開して誰でも使える形にしています。

　しかし、たとえば企業の人がそれらの論文を読んで、実際にすぐにビジネスにうまく使えるようになるかというと、そう簡単ではありません。論文を読んでそれを理解できなければならないですし、実際のデータに落とし込んで作り込んでいく必要もあります。理論と現実のギャップを埋めていくための、工夫やアイデアが求められます。

　研究領域でも、理論的にきちんと解くことが大事だという方向と、同時にやはり実用的にもう少し性能を上げるにはどうすればいいかという、理論だけでない方向があります。これはどちらが良い悪いという話ではないのですが、実際に使うときに、やはり後者のほう

がうまくいく場面も多いのです。

　我々としては、ここはこだわっているところです。予測の技術はやはり最後はどこかでテストすることになります。テストしたとき、まったく駄目でしたというのは困るわけで、ある程度、理論的に正当化できるものをベースに実際に使えるアルゴリズムを作っていきたいと考えています（機械学習の研究をしている人は、だいたいみんなそうだと思います）。

　現場で考えるのは、その問題さえ解ければいいということです。問題を解くためにいろいろな知識を入れて工夫して、何とか性能を上げる努力をするわけです。このアプローチでうまくいくときはそれでかまわないのですが、まったく予測が当たらないときに手詰まりになってしまいます。理論的な正当性を積み上げることなくやってきてしまうと、駄目だったときにどう改良していいかもわからないということになってしまうのです。

　一方、ある程度まで理論的に積み上げていれば、そこまでは戻れるわけです。したがって、途中までだとしても理論的に積み上げておくことが重要です。最後に「あとは馬力でがんばりましょう」みたいなことになったとしても、「ここまでは理論的に正しいことをやっている」というところが論拠になるわけです。馬力でやった部分が駄目だったとしても、理論的に妥当なところまで戻って研究開発を続けることができます。最初から理屈なしにひたすら作り込んでしまうと、最初のスタート地点まで戻らざるをえなくなってしまうので、あまり効率が良くないということになります。

　このあたりは、理論研究と現場での要請が拮抗する境目ではあるのですが、やはり両方が必要ということなのだろうと私は感じています。研究コミュニティでは「理論が重要」、一方の現場では「理論は役に立たない」というのが現状で、なかなか難しいところではあるのですが。ただ、問題がどんどん大きくなって難しくなっていったときに、最後に頼れるのは理論しかないのです。直接は役に立たないこともあるかもしれませんが、理論がないと道に迷ってしま

う、どうしていいかわからないという状況になります。

　私も仕事柄いろいろな企業と共同研究させてもらったり、コンサルタント的な仕事をしたりしています。これは、最後に困ったときはやはり理論の人に頼らざるをえなくなる、ということの表れだと思います。研究分野としては難しいところではありますが、こうした理論研究は細々とでも続けていかなければいけないと感じています。


## 4.4 理研 AIP に見る汎用基盤研究の現在地

### 信頼性という観点

　ここまで見てきたように、現在いわゆるディープラーニング技術がいろいろなところで使われて成功を収めている状況ではあるのですが、研究の観点から見ると弱点がたくさんあることもわかっています。うまくいっているところはもちろんあるわけですが、実際にはやはりかなり危ないところもたくさんあるのです。

　典型的なのは、AI は簡単に騙せると言われている問題です。これは、2015 年にはすでに指摘されています。その頃、画像認識するディープラーニングシステムが非常に高い精度を示して、いろいろな画像を学習させて、「これはパンダです」とか「これは飛行機です」というように人間を超える精度で正しく認識できるようになってしまったわけです。それがある意味、第 3 次 AI ブームを起こしたわけですが、同時に問題も指摘されていました。

　たとえば、学習が終わったあとのディープラーニングシステムに、図 4.19 の (a) の画像を入力すると正しくパンダと答えてくれます。このモデルでは信頼度 57.7 % という値ですが、少なくともパンダだ

Goodfellow et al.
(ICLR2015)

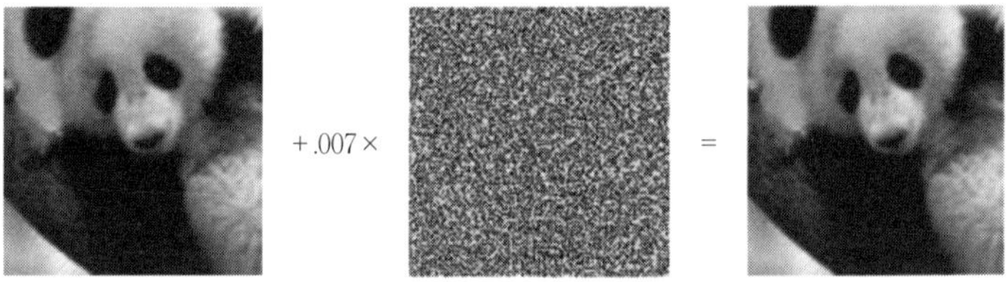

$x$
"panda"
57.7% confidence

(a)

$\mathrm{sign}(\nabla_x J(\theta, x, y))$
"nematode"
8.2% confidence

(b)

$x+$
$\epsilon \mathrm{sign}(\nabla_x J(\theta, x, y))$
"gibbon"
99.3% confidence

(c)

**図 4.19** AI は簡単に騙せる

と正しく認識できています。このパンダの画像(a)に対して、ちょっと計算して作ったノイズの画像(b)を用意して、小さな値 0.007 を掛けて加えると(c)という画像になります。0.007 を掛けるぐらいではほとんど目に見えないぐらいの誤差しかありません。見た目は何も変わっていない、あくまで人間の目にはわからない微妙な違いでしかないわけですが、このちょっと改変したパンダの画像(c)を、同じディープラーニングシステムに入力して「この画像は何か」を認識させると、99.3％の信頼度で「テナガザルです」と答えてしまうのです。ただ正しくは、これはそうなるように作ったのです。というのは、このノイズの画像は適当に作ったわけではなくて、一番間違えやすいように計算して作り込んでいるのです。

さて、これがパンダとテナガザルであれば、間違っても大した問題にはならないのですが、悪い使い方も考えられるわけです。たとえば自動運転車であれば、交通標識を認識できるような学習をします。「止まれ」という標識があったら、それを認識してブレーキを踏んで止まるようにシステムが作られているはずですが、その「止

まれ」の標識に誰かが夜こっそり細工をしたらどうなるでしょうか。人間にはわからない、ディープラーニングのシステムだけが間違えてしまうような細工がされた画像を貼って、「止まれ」の標識を「制限速度100キロ」と間違えさせられる可能性があるわけです。すると、その「止まれ」の標識があるところに自動運転車がやって来ると、システムが「制限速度100キロだ」と認識して、アクセルを踏んでしまうということが起こりうるということなのです。つまり、ものすごく精度よく画像が認識できるようになったはずなのに、何かほんのわずかな細工——しかも人間が見てもわからないような——をするだけで、その予測結果をまったく間違ったものにしてしまうという、恐ろしいことができることがわかってしまったのです。

　システムが実社会に浸透してくると、当然悪用する人が出てきます。これまで機械学習やディープラーニングの予測性能をどんどん上げて、人間の能力を超えるようなすごいものを作っていこうということで研究が進んできました。しかし、それがある一定のラインを超えたことで社会のトーンも変わってきて、「ここまでいいものができたなら、これを悪用してひと稼ぎできるぞ」という人が出てきてしまうわけです。そこで、「では、それをどう防ぐのか」ということが、重要な研究テーマになりました。

　実際、株の売り買いを自動化したり、お金が動くようないろいろなところが、すでにAIのシステムで管理されているので、悪用されると非常に深刻な問題になってしまう可能性があります。いわゆるコンピュータのセキュリティを研究している人たちが、サイバー攻撃とかコンピュータウイルスに対する防御法を研究するように、どうやってそうした脆弱性を防いでいくかという研究が、AIにも必要になりました。これは基礎研究の分野での、1つの技術的な転

換期だと言えます。ただ単に性能を上げていくだけではなくて、脆弱性を抑えたり、信頼性を上げたりという別の尺度での研究もしっかり進める必要があるということで、パラダイムシフトが起こりました。そして、大規模言語モデルなどの生成 AI の普及に伴って、この傾向はより一層顕著になってきています。

　また、今のディープラーニングは基本的には、いわゆるビッグデータを集めて学習させるスタイルです。たとえば、ユーザーのクリックデータを集めるとか画像認識や音声認識、言語の翻訳など IT 化が進んでいる分野であれば、（比較的大手の企業でないと難しいかもしれませんが）たくさんのデータを集めることができます。しかし、医療や自然災害の分野など、やはりまだ手でデータを集めないといけない世界では、データの収集コストが問題になってきます。そういったところでは、いかにデータの収集コストを抑えながら学習していくかというのも重要な課題になっています。そもそも、AI の技術で良いものができつつあっても、データが取れないので使えないという場面は非常にたくさんあります。

　他にも無視できないものとしてサステイナビリティの視点があります。AI のシステムを 1 つ学習するために巨大なコンピュータをフル稼働で学習させるのですが、電力消費量の問題もうまく扱わないと実際には使えないということになってしまいます。AI の何かを 1 つトレーニングするために原発が 1 基必要だ、という話が出たりします。今後、さらに高性能なアルゴリズムが開発できても、それを実行する電力が足りない、あるいは計算時間がかかりすぎるといった問題が起こってきます。そういった部分をいかに効率化していくかというのも、将来に向けて非常に重要な課題になっています。最近は、量子コンピュータを援用しようという研究が盛んに行われており、注目を集めています。

また、学習の精度ということではないのですが、追加の学習をすると過去に学習したことを忘れてしまう傾向があることがわかってきています。画像認識をする AI を作るとき、事前にたくさん時間をかけてデータをたくさん使って学習させることで非常に精度の良いモデルができるのですが、たとえば動物の画像で学習していたモデルに対して追加で乗り物の画像で学習させると、以前の学習内容を忘れることが指摘されているのです。人間も新しいことを学ぶと古いことを忘れるので、ある意味、自然なことに感じますが、実社会で使っていくとき、データを追加するケースは多いと思います。今後、人間みたいに学習しながら成長していく AI を作っていこうと思うならば、極度の忘却性を克服できる新たな技術を開発する必要があります。

　こうした基盤研究、基礎的な部分で数式を使って研究する分野は、残念ながら日本ではあまり盛んではありません。実際、AI を使って何かをするというとき、たいていは Google や Meta が公開しているフレームワーク上で開発されているライブラリをダウンロードしてきて使います。それによってビジネスや科学研究の場面で AI 技術が活用できているので、もちろん悪いことではないのですが、こういった新しい問題に対応していくためには機械学習技術そのものをやはり自分たちで開発していく必要があります。理研 AIP ではそこをしっかり高めていこうと、二本柱で研究をしています。

　1つは深層学習理論です。深層学習は今、非常に性能が上がっていますが、実は「数学的になぜこれがうまくいくのかよくわからないが、すごいことができている」という状態です。それをやはり原理的に解明する必要があります。ディープラーニングはどうして優れているのかを数学的に解明しようという研究を進めています。それが解明できれば、さらに性能を上げるにはどうすればいいかとい

うヒントが得られるはずです。これは、本当に根源的な基礎研究になります。

　もう1つは、ここに挙げたようないろいろな課題に対し、それを解決できるような、次世代の機械学習の技術を作っていこうというものです。それが今のディープラーニングとどのような関係になるかは、まだわからないところではあります。ディープラーニングの改良によってうまく乗り越えられる問題もあるかもしれませんし、そもそもまったく違った考え方を導入しないといけない可能性もあります。これに関しては、本当に自由に研究していくしかなく、あまり制約をおかずに、長期的なスパンで研究していきたいと思っています。以降で、これらを少し具体的に見ていきます。

**深層学習理論**

(1)　深層学習が浅層学習よりも優れた予測性能を持つことを証明

　理研 AIP には、「ディープラーニングはすごい」ことを証明するという研究をやっているチームがあります。2016 年当時は、まだ本当に何もわかっていないなかで何か人間を超える画像認識の性能が出たという状況で、なぜそれがいいのか、ちょっとあやしいと思っている人もたくさんいました。そこで、ディープラーニングがその前の時代の学習法——「深層」ではないので「浅層」と呼びます——と比較して何が違うのかを数学的に解析してみると、2 回以上変換することにメリットがあるのだということが証明できました。

　ディープラーニングは入力を何回も非線形な変換をしていって最終的な出力をするという、深い層を持つモデルを使うところが特徴です。以前の浅層学習では基本的には 1 回変換するだけです。では、1 回と 2 回以上で何が違うのかというところが大きな議論になって

いたのですが、やはり2回以上の変換に大きな意味があることがわかったのです。

　基本的には、データをたくさん与えていくと性能は上がっていくものと考えます。本当に学習したいものがあって、自分たちが限られたデータから学習した結果があるというとき、データを増やしていくとその結果——この場合は関数——がどんどん本当のものに近づいていくはずです。そのイメージがこの図4.20の一番上の式です。「$f^*$」と書いてあるのが、本当に学習したい関数です。「$*$」（アスタリスク）をつけると「真のもの」という意味になります。「$f_T$」は$T$個のデータで学習した関数です。1個で学習したもの、100個で学習したもの、1000個で学習したものだと考えていくのですが、この差がどんどん小さくなっていってほしいわけです。そのデータ数$T$を増やしていったときに、どれぐらい速く正解に近づいていくかを調べようというのが、こういった理論研究の流儀です。

　実際にディープラーニングに対して、そういった理論解析を行い、収束する速さが昔の浅い学習よりも速いということが証明できました。いろいろな条件のもとではあるのですが、「速い」ということが証明できて、しかも「その一番速いのがいくつか」ということもわかるので、「一番速いものが達成できる」ということも証明できるわけです。ディープラーニングがある意味で最適な学習法だということが理論的に保証できたのです。

　いろいろな仮定を置いてはいるので、一般に使われているディープラーニングが、これと同じ意味で最適なのかと言われると、必ずしもそうではないかもしれません。しかし限られた範囲で、本当に深層学習が優れているということが、きちんと証明できたケースになりました。

■成果1：深層学習が浅層学習よりも
優れた予測性能を持つことを証明

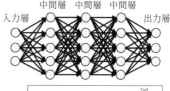

中間層　中間層　中間層

入力層　　　　　　　　　　出力層

$$\mathrm{E}[\|f_T - f^*\|_{L2}^2] \leq \epsilon_M + O\left(T^{-\frac{2r\beta}{2r\beta+1}}\right)$$

■成果2：深層学習は次元の呪いを受けない
- 一般に滑らかな関数は簡単に学習できる
- 浅層学習の誤差は、関数の最も滑らかで
ない方向が支配（次元の呪い）
- 深層学習は、方向ごとにモデルを自動調整
（次元の呪いを受けない）

$\epsilon_M$：横幅 $M \rightarrow \infty$ で $0$ に収束する項

速い学習レート $O(1/\sqrt{T})$ より速い
→Minimax 最適レート

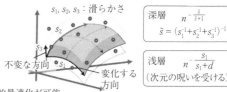

$s_1, s_2, s_3$：滑らかさ

$s_2$

$s_3$

不変な方向　$s_1$

変化する
方向

深層　$n^{-\frac{\tilde{s}}{\tilde{s}+1}}$

$\tilde{s} = (s_1^{-1} + s_2^{-1} + s_3^{-1})^{-1}$

浅層　$n^{-\frac{s_1}{s_1+d}}$
（次元の呪いを受ける）

■成果3：深層学習は大域的最適化が可能
- 確率的勾配法に適切なガウス雑音を加えれば、
大域的最適解に収束

$$\hat{L}(X_k) - \int \hat{L}(x)\,\mathrm{d}\pi_\infty(x) \leq \exp(-\Lambda_\eta^* k\eta) + \frac{c_\beta}{\Lambda_0^*}\eta^{1/2-\kappa}$$

$$\mathrm{d}X_t = -\nabla\left(\hat{L}(X_t) + \frac{\lambda}{2}\|X_t\|_{H_\kappa}^2\right)\mathrm{d}t + \sqrt{\frac{2}{\beta}}\,\mathrm{d}\xi_t$$

ガウス雑音

勾配降下

**図 4.20**　深層学習理論研究における理研 AIP の成果

## (2)　深層学習は次元の呪いを受けない

　先ほどは「データの数を増やしていったときに、どれぐらい性能
は速く改善していくかを評価する」話でしたが、もう1つの評価と
して「入力の次元数を考える」ことが挙げられます。たとえば、
100 画素×100 画素の画像の認識だとすると、100×100 で 1 万画素
あります。RGB（レッド、グリーン、ブルー）なので 3 万次元の入
力です。それが、いまのスマートフォンで写真を撮ると 4000×3000

などという画素数になります。もう何百万画素とか、1000万画素以上あるわけです。時代とともにセンサーの性能がさらに上がっていくと、データの次元がどんどん上がっていくことになります。

　このどんどん上がっていく次元が1つの大きな壁で、これまで浅層学習では「入力の次元を上げると学習が指数関数的に難しくなる」というのが"呪い"だったのです。これは数学的にも証明されているため、以前は次元をなるべく減らす努力をしていました。次元を減らすと確かに性能が上がるというケースが多かったので、昔はそのような研究がされていたのです。それに対して、ディープラーニングになると、逆に、次元が大きいほうがうまくいくことがあることが、実験的にわかってきています。

　これまでの理論と全然合わない結果が出ることに、多くの人が疑問を持っていたわけですが、我々、理研AIPの研究グループでは、ある条件のもとではディープラーニングはこの次元の呪いを受けないことを証明しました。学習するときに（これは関数を学習するのですが）、それが滑らかな関数の場合はデータが少しだけでも簡単に学習できます。一方、複雑な関数の場合は、たくさんのデータがないと学習できません。実際に学習したい関数は1次元ではなくて多次元——おそらく2次元の場合はこの図4.20のような断面のイメージです。すると、関数の形状を、一方の変化はすごく滑らかなもので、もう一方の変化はすごく複雑なものという、2つの方向で捉えることができます。これまでの浅層学習では、複雑なほうの難しさに影響されており、たくさんある方向のうち、どれか1つが非常に複雑だったとすると、その影響を受けてしまって全部の学習が難しいという状況になってしまっていたわけです。

　ところが、ディープラーニングでは、その方向ごとに難しさを調整できます。それが層を重ねていくということの1つの特徴で、層

を重ねていくことによって複雑なところには複雑なモデルを使って、簡単なところでは滑らかなモデルを使うという適応的な学習ができるようになっているのです。そのため、高次元のデータであっても多くの方向が滑らかであれば簡単に学習できてしまうのですが、それを理論的にも証明したことで、非常に大きなインパクトとなりました。

(3) 深層学習は大域的最適化が可能

　ディープラーニングでは図 4.20 の矢印の部分にパラメータが付いていて、その値を学習していきます。そして、データを入力するモデルの出力が計算できて、モデルとパラメータの出力の誤差が小さくなるようにパラメータを学習します。そして、あるところからスタートして、徐々に学習していって、誤差が小さいところを探そうということです。

　浅層学習ではこの形が簡単な凹型の関数なので、ただ単に勾配を降りていって一番下を探せば、そこが一番いい答えだということが保証できる（簡単に学習できる）わけですが、ディープラーニングではたくさん谷があります（図 4.20 では 2 つしかありませんが、一般には無限にあります）。すると、適当なところからスタートして、ちょっと勾配を降りて谷を見つけたとしても、それが最もいい答えかどうかはわかりません。本当は、もっと深いところを見つけたかったはずなのに、単純に降りていくと手前の谷に引っかかってしまいます。そのため、深層学習ではうまくパラメータが学習できないとみんなが普通に考えていました。実際、このような勾配学習法は 1980 年代からすでに用いられており、盛んに研究されていたのですが、やはり必ずしもうまくいかないというのが当時の結論でした。当たり前といえば当たり前ですが、深いところを見つけるの

はどうやら難しいということがわかって、ニューラルネットのブームが去ってしまったのです。

今回、いろいろと解析していくことによってわかったのは、雑音を乗せてわざと揺らがせると、谷にはまったとしてもうまく脱出できて、いつかは深いところにたどり着けるということです。これを数学的に証明しました。これは全然自明な話ではなくて、普通に考えると深い谷を見つけるのは不可能なはずなのです。ところが、雑音を乗せながらやっていくとそれがうまくでき、ある意味学習としてやってはいけないと言われていたことが、実は良かったのだとわかったわけです。

ニューラルネットワークが出てきた1980年代頃にも、同じような議論がされていたはずですが、当時の解析技術ではニューラルネットがよいということが証明できず、むしろ使わないほうがよいという結論になっていました。そういう意味で、機械学習の理論と実践の分野では非常に大きな揺り戻しが起きているのです。これは、2010年代後半から起こっていることです。

ちなみに90年代にも、80年代のときと同じようなことが議論されていました。当時は実験的に必ずしもうまくいかないこともあり、また、理論的な性質も未解明であったため、あまり好ましくないと思われるようになって、ディープラーニングに似たニューラルネットのブームは去りました。その後は反動で、深いモデルではなく浅いモデルのほうがいいとなってしまったのです。

私が大学院の研究室にいたのはその頃ですが、浅いモデルだと当時の数学の技術で厳密に解析できるようになりつつあったので、うまい方法が作れるようになっていました。それがカーネル法や、凸最適化で、これらを用いて当時としては最高の性能が出るようなものが作られたのです。大手のIT企業はそれを使って非常に大きな

ビジネスで成功したわけですが、それでも浅いモデルを使うという強い制約がついていました。

　現在では、コンピュータの性能も上がり、いろいろと技術が発展して、1980年代当時に使われていた深い多層のモデルをもう一度思い出そう、というようなブームがまたやってきているのです。そして、2010年代の新しい数学を使って解析していくと、良いものが作れることが徐々にわかりつつあります。まだ完全には程遠くはありますが、2000年代にはこういうことはやってはいけないと言われていたことが、逆に当たり前になってきて、むしろやらなければならないと変わってきました。研究分野として、非常に盛り上がっているところなのです。

### 因果推論

　現在の機械学習はデータの相関をもとに予測します。たとえば、横軸に国ごとのチョコレート消費量、縦軸に国ごとにノーベル賞の受賞者の数を取ると、図4.21のように右上がりに分布します。相関係数が0.79で、かなりはっきりした直線になります。日本は残念ながら数が少ないです。チョコレートもあまり食べないし、ノーベル賞の受賞者も少ないです。スイスはチョコレートをたくさん食べて、ノーベル賞もたくさん取っています。ここからわかることは、チョコレートの消費量を調べたらノーベル賞の数の予測ができるということです。まだ見ぬ国があったとして、その国でノーベル賞を何人が取るかを予測しようとするときにはチョコレートの消費を調べればだいたいわかるということになります。

　これは「片方が大きければもう一方も大きい」とか、「片方が小さければもう一方も小さい」という相関関係です。その相関関係を使って予測をしているのが今のディープラーニングです。では、ノ

ーベル賞をもっと取れるようにがんばりたいので、国策でチョコレートをたくさん食べましょうとやれば意味があるかというと、当然、それは意味がないわけです。チョコレートの消費量とノーベル賞の受賞者の数は因果ではなく、相関だからです。世の中で誤解されているケースが多いのはこの点で、「みんながこれをしてたから僕たちもこれをしましょう」みたいな解釈をやってしまいがちなのですが、それは因果と相関を混同してしまっているのです。

　この例は「擬似相関」という言い方をしますが、明らかに相関があるけれども因果はないという例で、身も蓋もない答えとしては、背後に GDP（国内総生産）という変数が隠れていて「お金持ちの国はチョコレートもたくさん食べるし、研究にたくさんお金をかけられるので、ノーベル賞をたくさん取れる」ということなのです。要は、増やすべきは GDP であって、あくまでチョコレートは GDP の結果に出てくる表れです。チョコレートの消費量だけを増やしても意味がないということになります。こういった因果関係をきちんと明らかにすることは非常に重要です。

　チョコレートの例では試してみてもそんなに痛みはないので、みんなでずっとチョコレートを食べてみましょうとやってみてもいいかもしれませんが、ワクチンとか薬といった問題では気軽にやってみるわけにはいきません。事前にテストをしましょうということになります。これをどうやってテストするかというと、たとえば国を A 群と B 群に分けて、A 群の国には「チョコレートを全然あげません。チョコレートなしで生活してください」、B 群の国には「チョコレートをたくさんあげるので、いくらでも食べてください」とし、その結果ノーベル賞が何人出るかを見るのです。そうすれば、チョコレートに効果があるかどうかわかります（因果関係がないので、その実験をすると効果がないという結果が出るとは思います

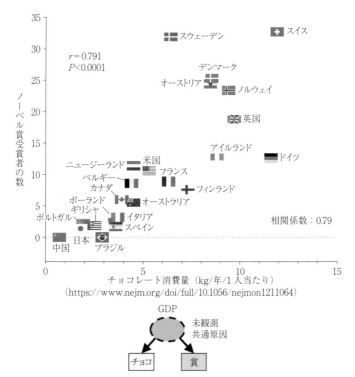

■機械学習：データの相関をもとに予測
　・チョコ消費量を使えば、ノーベル賞受賞者数がだいたい予測できる
■ノーベル賞受賞者数を増やすためには？
　・チョコレートをたくさん食べても増えない
　・相関と因果は違う
■因果推論：介入効果を知る
　・チョコレート消費量を変えると、ノーベル賞受賞者数は（どのくらい）変わるのか？
■ランダム化比較試験（A/B テスト）：
　・被験者を 2 群に分け、1 群だけ介入
　・病気の治療などでは倫理的な問題
■介入せずに因果関係を求めたい：
　・隠れた要因の扱いが、因果推論の最大の課題の 1 つ
■隠れた要因の存在下でも、全体構造が推定可能な初めての手法を開発

**図 4.21　因果推論**

が）。ただ、それと同じことをワクチンでやれるかというと倫理的な問題があります。新薬の臨床試験においてこうした A/B テストが行われていますが、テストできる問題と倫理的に非常に難しいテスト、またできない問題があります。

それを情報技術で何とかしたいというのが因果推論です。データを見て因果関係があるかどうかを明らかにすることで、これはサイエンス研究の究極の課題と言えるかもしれません。究極のゴールは、因果関係をもとに状況を改善することです。改善するためにはどこかに介入する必要があって、どこに介入すべきかというポイントを明らかにしようということです。数学的な問題としてはある範囲ではできることがわかっています。やはり、いろいろと仮定は必要になるのですが。

ただ、そもそもそれができるのかという哲学的な議論もありますし、また非常に難しい問題です。そのため、盛んに研究されているわけではないのが実情ではあるのですが、この問題が重要だということはこの分野の多くの研究者は認識していて、チャンスがあれば自分もこういう分野で貢献できればと思っている人はたくさんいると思います。日本でやっている人は本当にわずかしかいませんが、次世代の AI 技術の 1 つとして、因果関係を見つけ出す AI 技術が研究されているのです。

# 5 今後の展望

///////////////////////////////////

## 5.1 モデルと学習法と、ある種の制約

　深層学習、ディープラーニングというのは非常に大きい括りの言葉です。1つには、古典的な多層ニューラルネットワークが発展してきたものを指します。また、ループ構造を持ち、自分が一度出力したものを入力に取り込めるリカレント型のものもあり、これはニューラルネットワークで時系列のデータを扱えます。最近では、アテンションというメカニズムが組み込まれたモデルもあります。アテンションというのは、人間の「注視」のように、たくさんの情報の中の、ある部分のみを見る機構を模したもので、それによって性能が上がると考えられています。

　前述のように、機械学習は基本的にはパラメータをたくさん含んだモデルで、ある学習基準のもとでそのパラメータを学習していくため、基本的に「モデルをどう決めるか」という話と「どう学習するか」という話に分けられます。

　図5.1の横軸はモデルの発展です。これはユニバーサルに常に良いモデルを目指すということではありません。「このような問題であればこのモデルが向いている」というように、新しい問題に対してそれを解くためのモデルが次々に出てきます。こうした学習モデルの研究は永遠に終わらない分野です。

　一方、縦軸の学習法をどう発展してさせていくのかも、我々はし

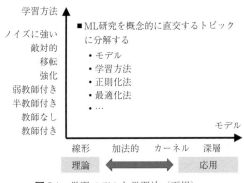

**図 5.1** 学習モデルと学習法（再掲）

っかり考えないといけません。たとえば、いまもフェアネス（公平性）の概念を取り込む学習法の研究が進んでいます。この学習法はそれほど難しい話ではありません。たとえば男女比の場合、トレーニングデータは男性 9 割・女性 1 割だけれども、テストでは男性 5 割・女性 5 割になるような制約をつけて学習するのです。ただ、そういった「制約」をどのように考えるかということも、1 つの軸になってきます。モデルと学習法と制約というように、軸を増やして考えていくことが、今後、重要になります。

　そして、横軸と縦軸を融合して特定のモデルに特化した学習法を開発していく、このアプローチが機械学習の性能をさらに向上させていくために有効になってきます。従来の線形モデルやカーネルモデルに対しては、学習結果が直接的に求められる「凸学習法」が標準的に用いられていました（第 3 章参照）。凸学習法とは、図 5.2 (a)のように、学習の誤差が「下に凸な」凹んだ形の関数になるよう設計された学習法であり、最適解に対応する谷底が簡単に求められます。一方、非凸学習法では、図 5.2 (b)のように、学習の誤差の関数が複雑な形状をしており、最適解に対応する一番深い谷底を求

■カーネル法などの従来の学習法では、最終的な学習結果を直接求
　められるため、その良し悪しを議論していた
■深層学習では、最終的な学習結果が直接的に求められないため、
　徐々に学習していく
　•学習の途中結果を利用するという新しい概念が登場

(a)　　　　　　　　　　　　　　　(b)

**図 5.2**　学習法の動的な更新

めるのは容易ではありません。

　凸学習法では最終的な学習結果の性能を理論的に解析すること が
できるのですが、一方で深層モデルに対する学習では最終的な学習
結果を直接的に求めることができません。確率的勾配法を使って
徐々に学習を行っていく必要があります。最終的な学習結果の振る
舞いを解析することが難しいのです。近年は、この逐次的な学習法
を逆手に利用して、学習の途中結果を見ながら学習法を更新してい
くという動的な学習アルゴリズムが開発されています（図 5.3）。こ
れにより、弱教師付き学習、ラベル雑音ロバスト学習、転移学習な
どの性能が飛躍的に向上することが実験的に示されつつあります
（p.118 も参照）。このような動的な学習アルゴリズムでは、モデル
と学習規準だけでなく最適化のアルゴリズムも汎化性能（p.51 参
照）に関わっており、その振る舞いの解析には理論的な研究が欠か
せません。

　最近は、膨大なパラメータを持つ巨大なモデルの学習に対する不
思議な現象が注目されています（図 5.3）。たとえば、雑音を含むデー
タからの学習では、雑音に過適合しないよう工夫して学習するこ
とが一般的なアプローチですが（4.1 節参照）、巨大モデルに対して
は「良性過適合」と呼ばれる興味深い現象が知られています。良性

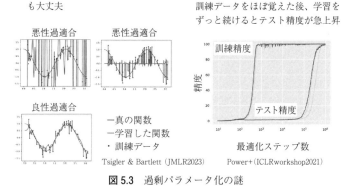

■良性過適合
　雑音のあるデータに過適合しても大丈夫

悪性過適合　　悪性過適合

良性過適合

―真の関数
―学習した関数
・訓練データ

Tsigler & Bartlett（JMLR2023）

■飛躍的性能向上
　（グロッキング：grokking）
　訓練データをほぼ覚えた後、学習をずっと続けるとテスト精度が急上昇

訓練精度

精度

テスト精度

最適化ステップ数

Power+（ICLRworkshop2021）

**図 5.3**　過剰パラメータ化の謎

過適合とは、雑音を含むデータに過適合しつつも、全体的な関数をきちんと学習できるという不思議な性質のことです。

　また、「グロッキング（grokking)」とよばれる飛躍的な性能向上も注目されています。これは、訓練データをほぼ覚えたあと、さらにずっと学習を続けると、あるとき突然汎化性能が急激に向上するという現象です。このような深層学習の謎を解明しようと、世界的にも新しい理論研究が活発に行われています。

　研究はこれまではずっとあるパラダイムで行われていたわけですが、実はそれは1階部分に過ぎなくて、2階にはまた別の違うものがある、もっとよく見ると3階、あるいは4階にまた違う光景があるのかもしれません。私はよく学生に「表の穴埋めではなく、この表に新しい行を作ったり新しい列を作ったりすること、つまりコンセプトを増やすことが重要だ」という話をします。

　もちろん穴埋めも必要ですが、穴埋めしている間に新しいコンセプトを考える必要があります。それがもっと進んでいくと、これま

で2次元で見ていたものが、実は3次元があって、その軸だとまったく新しい見方ができる、というように世界が広がっていきます。穴埋めだけをしている限り、あまり発展はしません。やはり、「どうコンセプトを増やしていくか」というところが、研究としては常に重要になるのです。

---コラム：AI 人材の強化---

AI 研究分野の国際会議「NeurIPS 2021」および「ICML 2021」における採択論文数で見ると、機械学習分野における日本の相対的な地位はいま低下しています。アメリカが圧倒的、中国、ドイツ、韓国、イスラエルが大躍進というのが近年の傾向で、日本は微増という状況です。

しばらく「AI 人材がいない」という状態が世界各地で起こっていましたが（とはいえ、アメリカはやはり吸引力のある国なので、世界中から優秀な人材が集まってきていました）、今は生成 AI、大

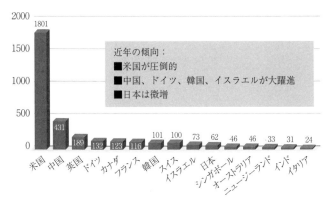

**図 5.4** 「NeurIPS 2021」および「ICML 2021」における採択論文数（国別）

https://thundermark.medium.com/ai-research-rankings-2022-sputnik-moment-for-china-64b693386a4

規模言語モデルなどが AI ブームを牽引し、海外では学生や研究者が激増しています。諸外国ではコンピュータサイエンスの学科を中心として拡大しており、中国や韓国では AI に特化した大学院が新設されています。

現在、日本の大学でも情報系の学部が人気になっていますが、増加する志望者数に対し定員数は増えていません。また、日本人の情報系の学生は多くが修士修了後に就職してしまうので、高度な AI 研究を担う博士課程の学生や博士号を持った研究員が致命的に不足しています。このままでは、本当に危ういでしょう。特に、これから少子化が深刻な状況になってくる日本では「社会人の（再）教育」「外国人の積極的採用」が急務の施策になってきます。前者に関して、リカレント教育やリスキリングの重要性もよく取り上げられますが、まずは、利益相反規制を緩和し産業界と学術界の人材交流を活発にすることです。そして、国際化を進め、国内外の人材交流を活発にし、外国人の採用を積極的に進めることも必要でしょう。

また、AI 技術がさまざまな科学研究や応用に不可欠となっているいま、AI 研究者は引く手あまたで他分野のお手伝いに忙殺され、AI そのものの研究がやりにくい状況にも置かれています。技術が役立ってうれしい反面、他分野のお手伝いだけでは人材・分野は育ちません。原点回帰して、AI 研究そのものの強化が必要です。

## 5.2 │ 機械学習の新技術：生成 AI

ここまで見てきたように、従来の機械学習の研究では主に教師付き学習による予測・識別に重きが置かれていました。人間の目や耳などの知覚機能をコンピュータに代替させて、人間の労働を機械的な単純作業から人間的な知的創造活動へと転換させようとしてきました。しかしこれによって、人間の仕事の一部が AI に奪われると

いうことが生じ、社会問題となっています。

　昨今、注目を集めている画像生成やテキスト対話型の AI（生成 AI）システムでは、プロンプトと呼ばれる簡単な言葉を入力することによって、私たちが望む出力が得られるようになっています。この生成 AI というのは、教師なし学習でデータの生成確率を学習し、学習した確率分布から乱数を用いた新しいデータを生成しているのです（図 5.5）。

　画像の生成 AI では、「拡散モデル」を使った方法が注目されています。拡散モデルでは、学習時は画像に徐々に雑音を加えていき、生成時は逆に、徐々に雑音を除いていきます（図 5.6）。文章の場合、たとえば GPT（Generative Pre-trained Transformer）では、学習時には文章の分布を学習し、生成時には与えられた文章の次の単語を選ぶことで文章を生成します（図 5.7）。

　こうした生成 AI を可能にした大規模モデルを、基盤モデルと呼ぶこともあります。しかし、今の基盤モデルは、もっともらしい解を出力しているだけに過ぎません。本来、そこには多様な意見があるはずで、その分布を示すべきではないかと私は考えています。また、一つの基盤モデルをみんなで共通に使うのは必ずしも自然なことではなく、人に個性があるように、基盤モデルも個別化すべきだと考えます（図 5.8）。そして、人と AI は、お互いに教え合い学び合いながら時間とともに成長していくべきです。そのためには、変化する環境に適用していく必要があり、複数の人と AI とがインタラクションをしながら、社会全体が発展してくことが必要でしょう。同時に、確率的推論、オンライン学習、非定常環境適応、逐次的意思決定、因果推論、ヒューマン・コンピュータ・インタラクションなど、様々な技術をさらに発展させるとともに、それらを融合していくことが求められます。

■データの生成モデルの教師なし学習:
 • データの例から、データの生成確率を学習

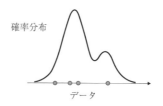

確率分布

データ

 • 学習した確率分布から、
  乱数を用いて新しいデータが生成できる

**図 5.5　生成 AI**

■拡散モデル
 • 学習：画像に徐々に雑音を加えていく
 • 生成：雑音から徐々に雑音を除去

https://arxiv.org/pdf/2006.11239.pdf

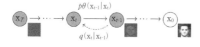

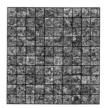

https://yang-song.net/blog/2021/score/

**図 5.6　生成モデルの例：画像の場合**

　一方、このような生成 AI の学習には既存の絵画や小説が訓練デー
タとして用いられているため、剽窃や著作権侵害に関する規範策
定が急務となっています。AI の進化と相まって、国際的な議論が
活発に行われています。

■GPT（Generative Pre-trained Transformer）
- 学習：文章の分布を学習
- 生成：与えられた文章の次の単語を生成

https://chat.openai.com/

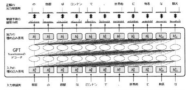

https://speakerdeck.com/chokkan/20230327_riken_llm

**図 5.7** 生成モデルの例：言語

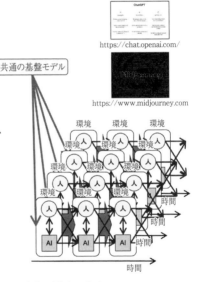

https://chat.openai.com/

https://www.midjourney.com

■大規模言語モデルや画像生成
モデルは、人のコンピュータ
のとの付き合い方を一変

■今の基盤モデルは、
事後確率最大の解を出力？
- 多様な意見があるはずなので、
事後分布を示すべき

■そもそも、1つの基盤モデルを
皆で使うのはおかしい？
- 人に個性があるように、
基盤モデルも個別化すべき

**図 5.8** 基盤モデルも個別化すべきか？

## 5.3 | AI と人間の未来

今後どのように研究を進めていくかということが重要になるわけ
ですが、統計的機械学習に基づく知能に加えて、論理的な知能、脳
科学に基づいた知能なども重要だと考えます。生成 AI の爆発的な
普及と相まって、研究コミュニティとしてはさらに盛り上がりつつ
あります。

そういった研究を続けていくと、いずれ人間のような AI ができ
るのか、どこを目指すのかという議論が出てくることになります。
私は、AI が勝手に全部やってくれるという世界ではなくて、AI が
自分の近くにいて一緒に何かやっていくのがよいと思っています。
これは私の主観で、本当にそうなるのかもわからないですし、そう
すべきなのかわからないですが。

そう考えるきっかけとなったのは、2019 年の、ファッションデ
ザイナーのエマ理永さんとのプロジェクトでした。これは、エマ理
永さんがデザインしたドレスの画像を AI が学習して、似たものを
作るというもので、当時の標準的な画像生成 AI を使いました。AI
が作った「似たもの」をエマ理永さんに見てもらって新しいアイデ
アを出してもらい、それをまた学習し直して「似たもの」を作成し
ます。このようなことを繰り返すことで、AI もちょっとずつ良く
なっていき、エマ理永さんも AI が作成したものから刺激を受けて、
結果的にすばらしいドレスができました（図 5.9）。

このときは人間のほうが圧倒的にプロで、AI が教えるというレ
ベルではありませんでした。しかし、こういった形である意味 AI
と人間が教え合っていくことで、AI が少しでもクリエイティビ
ティにおけるインスピレーションを人間に与えることができるなら、

■人間のようなAIが究極のAIか？
- 未来のAIは、必ずしも自律知能である必要はない
- 未来のAIは、人間と共に学ぶ？

AI
敵対的生成ネット、
ニューラルスタイル変換
人間のデザイナー

■AIは人間社会に包括される（インクルーシブである）べき！
- 情報科学の技術に、人間の知識・創造性・文化・倫理を融合

2019年3月駒場にてファッションショー
（東大IRCN合原教授、エマ理永氏とともに）

https://www.fashion-press.net/collections/11006

**図 5.9　次世代 AI の可能性**

　それはすばらしいことだと思うのです。また、今後 AI がさらに成長していくと、人間のようなクリエイティビティを持つことができるのか、科学的に明らかにしていく必要もあるでしょう。

　私自身は科学技術の研究、AI の学習をいかに効率良くやっていくかということをずっと研究しています。予測の精度を上げることを目指して、より少ない電力で、より少ないデータから実現しようというようなことをずっとやってきたわけですが、最終的に作った技術が人間社会で使われる状況を考えたとき、予測精度を上げるというだけではなくて、使う側の気持ちをもっと取り込まないといけないのではないかという気がしています。

　ただ単に予測が当たるだけの AI を作っても、あまりうれしくない場合もあるでしょう。たとえば、最近ではあちこちにある顔画像から年齢を予測するというシステムの例を挙げます。これは、ちょ

っと若めの年齢を出したほうがウケがいいようです。予測の精度とは別に、文化的、倫理的なことが含まれるケースもあるでしょう。ただ単に予測の精度を上げればいいだけではなく、人間が持っている知識や文化、倫理、創造性といったものをうまく取り込んでいく必要があるのではないかと思っています。

そのベースとなる技術を作っておくこともですが、それらを定量化することも重要になってきます。何となく思っているだけでは、AIにうまく伝えることができません。自分たちが当たり前と思っているものを定量化することで、はじめてそれを科学技術のほうにフィードバックすることができるのです。今後は、そういった議論がもっと進んでいくとよいと考えています。

5.2節でもふれましたが、社会系のAIの議論が世界中で高まっています。しかし、法制度の部分で議論をしている人と、科学技術を作っている人との融合感がまだ低いように感じます。さらには、文系の多様なトピックを技術につなげるよう取り込んでいくことが、今後はもっと重要になってきます。

そのような意味で、この分野を研究したい人が、何をやればよいかが非常に悩ましい時代になってきたと言えます。学習の理論を研究する場合は数学が必要で、実装にはコンピュータを使うのでコンピュータの技術が必要ですが、これはあくまで基礎の部分です。自分たちが作った科学技術を実問題に適用するのであれば、応用分野にも何か1つ専門を持っているとよいです。技術の研究者も社会的な要請という部分を、しっかりと理解しなければいけない時代なのです。人工知能の分野も、総合的にいろいろな能力が必要とされるようになってきたのです。

一方で、大規模言語モデルや生成AIは、研究者ではない層にも広くリーチし、コンピュータとの付き合い方を一変させました。こ

のような新AI時代に、私たちは何を学ぶべきでしょうか。最後に
この点を考えてみたいと思います。

　以前であれば、「AI時代に何を学習したらよいか」と問われると、
私は「普通のことはAIができるようになってしまうので、非常に
クリエイティブな部分を目指すか、あるいはモノを運ぶ、手で何か
を作るというような、本当に人間がやらなければならないことを深
めていくことが重要なのではないか」と答えてきました。介護や看
護、人が本当に触れ合う意義がある領域では、たとえAI化できて
も、あまりしたくない／されたくないというケースもあるでしょう。
こうしたセンシティブな領域の仕事や重い肉体労働の部分は、なか
なか人工知能やロボットで置き換えることはできません。教育的な
観点から言うと、そこで「人間にしかできないこと」「自分がやる
べき仕事というのを見つけてきて、そこを追求していくこと」が狙
い目になるからです。

　しかし今や、人間にしかできないと思われていた絵画制作や小説
執筆などの知的創造活動までもがAIの領分になりつつあります。
これまでも、画像や音声、言語といった認知領域の要素技術の著し
い発展によって、私たちが普段やっているような作業はかなり人工
知能で代替されるのではないかと感覚的に感じるところはありまし
たが、いよいよ新AI時代がやってきたのです。

　新AI時代の今、私たちが身に付けなければならない、学ぶべき
ものとして、まず「先端的なAI技術を活用する能力」、そして「AI
が生成した情報の真贋を見抜く力」が挙げられます。最先端の対話
型AIシステムを使えば、ちょっとしたレポートくらいは簡単に自
動生成できてしまいます。しかし、生成されたレポートには間違い
が含まれることもあるため、情報の真偽を判定する必要があります。
もちろん、私たち研究者は更なる研究で判定技術を磨いていくこと

になりますが、結局は悪意を持つ人とのいたちごっこであり、また真偽の判定自体が時代や文化に依存するものでもあるため、最終的には人間の判断に委ねられます。

　この真偽の判定はまさに機械学習における教師付き学習問題そのものであり、人間が真偽を判断することはAIが自動生成した入力データに人間が教師情報を付与することに対応します。そのため、私たちはAI技術の更なる発展のために身を粉にして教師情報作りを続けるべきなのか、あるいは、AIには真似できない新たな知性の獲得を目指すべきなのか。これから、まさに議論が必要となる部分でしょう。

# 索 引

著者紹介

理化学研究所革新知能統合研究センター長，東京大学大学院新領域創成科学研究科教授，博士（工学）

1974 年生れ，2001 年東京工業大学大学院博士課程修了，同大学准教授などを経て現職．機械学習の理論研究とアルゴリズムの開発，信号画像処理などへの応用研究．日本学術振興会賞および日本学士院学術奨励賞（2016 年度），文部科学大臣表彰科学技術賞研究部門（2022 年度）など受賞
シリーズ編著書に「機械学習プロフェッショナルシリーズ」（全 30 巻，講談社），『イラストで学ぶ 機械学習』（講談社，2013），『機械学習のための確率と統計』（講談社，2015）など

教養としての機械学習

2024 年 2 月 22 日　初　版

［検印廃止］

著　者　杉山　将

執筆協力　大内孝子

発行所　一般財団法人　東京大学出版会

代表者　吉見俊哉

153-0041 東京都目黒区駒場4-5-29
https://www.utp.or.jp/
電話　03-6407-1069　Fax 03-6407-1991
振替　00160-6-59964

組　版　有限会社プログレス
印刷所　株式会社ヒライ
製本所　誠製本株式会社

| | | |
|---|---|---|
| 情報　第2版<br>東京大学教養学部テキスト | 山口和紀 編 | 1,900 円 /A5 判 |
| Python によるプログラミング入門<br>東京大学教養学部テキスト<br>アルゴリズムと情報科学の基礎を学ぶ | 森畑明昌 | 2,200 円 /A5 判 |
| 14 歳からのプログラミング | 千葉　滋 | 2,200 円 /A5 判 |
| 考え方から学ぶプログラミング講義<br>Python ではじめる | 森畑明昌 | 2,200 円 /A5 判 |
| サイバー社会の「悪」を考える<br>現代社会の罠とセキュリティ | 坂井修一 | 2,500 円 /四六判 |
| コンピューティング科学　新版 | 川合　慧 | 2,700 円 /A5 判 |
| ユビキタスでつくる情報社会基盤 | 坂村　健 編 | 2,800 円 /A5 判 |

ここに表示された価格は本体価格です．御購入の
際には消費税が加算されますので御了承下さい．